Dieses Taschenbuch enthält – in englisch-deutschem Paralleldruck – acht Kurzgeschichten von jungen amerikanischen Erzählern, die hier noch kaum bekannt sind. In den Geschichten – es sind durchwegs deutsche Erstveröffentlichungen – äußert sich auf sehr anregende Weise das amerikanische Innenleben der achtziger Jahre:

Eine kultivierte junge Ehefrau und Mutter in einer Siedlung am Rand der Wüste – alles ist aufgeräumt und komfortabel – aber irgendetwas ist unheimlich, fremd.

Ein Lehrer ertrinkt – ist die Schülerin, die schon immer über den Tod reflektiert und phantasiert hat, auf geheimnisvolle Weise daran schuld?

Die Großmutter wird von einer alten Dame besucht, die ganz unerhört schauerliche Sachen erzählt. Vielleicht ist sie verrückt – aber die Kinder merken, daß es auch in ihrer Familie depressives Irresein gibt.

New York, Little Italy: Urgroßvater Leone, Großvater Placido, Vater Leone, Sohn Placido – eine brave Konditorenfamilie, die gefährlich in Geschäfte mit der Mafia verwickelt ist.

Eine aufgeklärte junge Frau bringt ihren schwierigen Freund dazu, seinen Vater wiederzusehen, ihn ernstzunehmen und sogar etwas stolz auf ihn zu werden.

In einer jüdischen Großfamilie. Der alte Onkel hat Erinnerungen an den Bombenkrieg in London und anscheinend auch an eine traurige Liebesgeschichte.

Ein etwas selbst-verliebtes schickes Mädchen trifft jeden Sonntag beim Ritt im Central Park einen ziemlich netten jungen Reiter. Endlich spricht er sie an, aber...

Eine schwarze Frau ist von einem weißen Mann geschieden. Halb befreit, halb gekränkt wendet sie sich ihrer eigenen Familie zu und findet unter ihren Vorfahren eine erstaunlich verwandte Seele.

dtv zweisprachig · Edition Langewiesche-Brandt

NEW AMERICAN SHORT STORIES

NEUE AMERIKANISCHE KURZGESCHICHTEN

Auswahl und Übersetzung von Inge Weißmann

dtv

Deutscher Taschenbuch Verlag

Deutscher Taschenbuch Verlag GmbH & Co. KG, München
Juli 1989, Originalausgabe
Copyright-Nachweise Seite 208
Deutsche Rechte: dtv
Umschlaggestaltung: Celestino Piatti
Gesamtherstellung: Kösel, Kempten
ISBN 3-423-09263-7. Printed in Germany

Michelle Barany
Desert

From nearly a mile across the sandy plain, the Indian woman came every day. When Cathy stepped on her back porch in the morning, carrying the basket of freshly washed diapers, she could see her, a shiny dot that had grown to the size of a two-inch stone by the time the diapers were hung. The sun was already very hot. From then on, it seemed a long time until her actual shape became discernible and her movements distinguishable against the background of creosote bushes, sagebrush, cactus stubs, and sand.

Cathy wouldn't have noticed her, except that she was the only moving thing in the numbing heat, and that Coral, the dog, had started barking. Her cadence was always the same, slow and heavy, and slightly swaying.

As soon as Cathy could distinguish her shiny blue dress hanging unevenly below a barrel-shaped body, and her striped shawl thrown across one arm, she brought the dog in the house with her. With his furious bark the instant he saw her or sensed her, it was difficult to get acquainted. Yet, coming down the road every day, she was less a stranger than the families of ranchers dispersed miles away from the center of the village, in the vast spaces of Arizona.

Cathy filled a glass with cool orange juice and went back out. When the woman had come close enough to be shaded by the house, Cathy handed her the glass above the peeling fence. The woman took the glass without speaking. Her graying hair was parted in the middle and tied back into a bun. Sweaty strands stuck to her forehead and dangled
 over her eyes. As she drank, she pushed back the
 strands with her bare forearm, wiping her forehead

Michelle Barany
Die Wüste

Aus fast einer Meile Entfernung kam die Indianerin jeden Tag über die sandige Ebene. Wenn Cathy morgens auf die hintere Veranda trat und den Korb mit frisch gewaschenen Windeln hinaustrug, konnte sie die Frau sehen, einen schimmernden Fleck, der die Größe eines handlichen Steins erreicht hatte, wenn die Windeln aufgehängt waren. Die Sonne war schon sehr heiß. Von da an schien es lange zu dauern, bis man ihre wirkliche Gestalt erkennen konnte, und ihre Bewegungen sich gegen den Hintergrund von Kreosotbüschen, Salbeipflanzen, Kakteenstümpfen und Sand abhoben.

Cathy hätte sie nicht bemerkt, aber sie war das einzige, was sich in der mörderischen Hitze bewegte, und Coral, der Hund, hatte angefangen zu bellen. Ihre Art zu gehen war immer die gleiche, langsam und schwer und ein wenig schwankend.

Sobald Cathy ihr leuchtend blaues Kleid erkennen konnte, das ungleichmäßig über dem faßförmigen Körper hing, und ihren gestreiften Schal, den sie über den Arm geworfen hatte, nahm sie den Hund mit ins Haus. Bei seinem wütenden Gebell, wenn er die Indianerin sah oder witterte, war es schwer, mit ihr bekannt zu werden. Und doch war sie, da sie jeden Tag die Straße herunter kam, weniger fremd als die Familien der Rancher, die weit ums Dorf herum verstreut saßen, in den riesigen Gebieten Arizonas.

Cathy füllte ein Glas mit kühlem Orangensaft und ging wieder hinaus. Als die Frau nah genug in den Schatten des Hauses gekommen war, reichte Cathy ihr das Glas über den abgeblätterten Zaun. Die Frau nahm das Glas ohne zu sprechen. Ihr graues Haar war in der Mitte gescheitelt und hinten zu einem Knoten zusammengefaßt. Schweißnasse Strähnen klebten an ihrer Stirn und hingen ihr über die Augen. Als sie trank, streifte sie die Strähnen mit dem nackten Unterarm zurück und wischte sich mit der gleichen

in the same motion. She glanced at Cathy then with what was, perhaps, the semblance of a smile. And Cathy, searching the woman's eyes for a sign of communication, interpreted it as a comment about the heat. Coral continued to bark.

"You'd never believe he's still a pup," Cathy offered as an excuse. "If you'd like to rest a while, I'll put him in the spare room." But the woman nodded no, finished the rest of the juice in a gulp, shook her head in an unspoken thank you, and went on her way.

Cathy went back into the house to the baby's cooing and the rumbling noise of the water cooler. In the bedroom, Nadine was kicking in her crib.

With her husband at work, the baby was the only one to talk with.

"And where are you running so fast?" She held down, against the sheet, the tiny feet. Nadine's face broke into a smile. Her feet broke loose from under Cathy's hand and pounded faster while the small arms went up in anticipation. Obediently, Cathy picked up her three-month-old daughter.

Behind the front door, the dog waited for the woman to walk by. When her moccasined feet scuffing the dust took her past, on the rocky path that circled the house, his enraged bark followed her.

"Coral, stop," Cathy ordered. She shook her finger at him to show that she meant it. Nadine laughed, but the dog didn't stop.

From the window, she watched the woman. Her profile remained expressionless. Cathy wondered what she thought, where she lived. She knew little about her, except that she cleaned and ironed for the villagers. She had seen her occasionally through an open window working in a room back of a store.

Sometimes, in the evening, Cathy waited on the
8 front porch for the woman to walk back home, but
9 most of the time, she crossed through a field, away

Bewegung die Stirn. Dann blickte sie Cathy mit dem Anflug eines Lächelns an. Und Cathy, die in den Augen der Frau nach einem Anzeichen von Gedankenaustausch suchte, deutete es als eine Bemerkung über die Hitze. Coral bellte weiter.

«Man kann sich nicht recht vorstellen, daß er noch ein junger Hund ist», bot Cathy als Entschuldigung an. «Wenn Sie sich ein wenig ausruhen wollen, sperre ich ihn in ein anderes Zimmer.» Aber die Frau winkte ab, schluckte rasch den restlichen Saft, nickte ein ungesagtes Danke und ging ihren Weg weiter.

Cathy lief zurück ins Haus zum Brabbeln des Babys und dem dröhnenden Lärm des Wasserkühlers. Im Schlafzimmer strampelte Nadine in ihrer Wiege.

Wenn ihr Mann arbeitete, konnte sie nur mit dem Baby reden.

«Und wohin läufst du so schnell?» Sie hielt die winzigen Füße gegen das Laken. Nadines Gesicht zeigte ein Lächeln. Ihre Füße befreiten sich von Cathys Hand und strampelten noch schneller, während sie die Arme voller Erwartung in die Höhe hielt. Gehorsam nahm Cathy ihre drei Monate alte Tochter hoch.

Hinter der Vordertür wartete der Hund darauf, daß die Frau vorbeiging. Sowie sie auf dem steinigen Pfad, der um das Haus führte, in ihren Mokassins durch den Staub schlurfte, folgte ihr sein wütendes Gebell.

«Coral, hör auf», befahl Cathy. Sie hob ihren Finger, um ihm zu zeigen, daß sie es ernst meinte. Nadine lachte, aber der Hund hörte nicht auf.

Vom Fenster aus beobachtete sie die Frau. Ihr Profil blieb ausdruckslos. Cathy überlegte sich, was sie dachte, wo sie wohnte. Sie wußte wenig über sie, außer daß sie für die Leute im Dorf putzte und bügelte. Sie hatte sie gelegentlich durch ein offenes Fenster im Raum hinter einem Laden arbeiten gesehen.

Manchmal wartete Cathy abends auf der Vorderveranda darauf, daß die Frau auf dem Nachhauseweg vorbeikäme, aber meistens lief sie quer über ein Feld, abseits vom Haus,

from the house, as if she were trying to avoid it. She walked faster than in the morning, her shawl held tight about her, for the evenings were cold.

Cathy and her husband, Dave, had first arrived in Sanrest in August, a few days before the school year had begun. After Nadine was born in January, Cathy got out very little. During the day she didn't want to take Nadine out in the heat, and waited until Dave was home before running to the local store or mailing a letter at the adjoining post office. They had rented a prefabricated, whitewashed house at the edge of the small town where Dave taught music. The furniture in the living room, a couch with a matching chair and matching tapestry-like drapes of red and white Western designs, were discarded from the owner's motel, as was the striped rug. She had the feeling of just passing through, as if in a motel, only here the stay seemed, at times, to extend forever. About one month ago, on her insistence, Dave had applied for teaching positions out of state. They were now in April, so she hoped that by the time June came, they would have started packing.

That evening, she was restless. "Let's go for a walk. There's so little to do here. And let's take Coral."

They drove a few miles down road 606. Dave parked by the roadside. After walking a few yards through a field, Cathy holding Nadine in her arms, they came to a dry river bed. Dave pointed to tracks in the sand. Some belonged to large animals, others to smaller ones. Although there were many tracks, no animal was in sight, and no sound but the few words they spoke broke the silence.

As they walked along the bleached bottom of the river bed, a jack rabbit darted across. Coral chased after it. The jack rabbit outdistanced him. Shortly
10 after, their footsteps raised a flock of quail whose
11 color had blended in with the silver-gray foliage of

als versuche sie es zu umgehen. Sie ging schneller als am Morgen und hielt ihren Schal fest um sich, denn die Abende waren kalt.

Cathy und ihr Mann Dave waren im August in Sanrest angekommen, einige Tage bevor das Schuljahr begonnen hatte. Nachdem Nadine im Januar geboren war, kam Cathy sehr wenig hinaus. Während des Tages wollte sie Nadine nicht mit in die Hitze nehmen und wartete, bis Dave zu Hause war, bevor sie zum Dorfladen lief oder einen Brief zur danebenliegenden Post brachte. Sie hatten ein weiß getünchtes Fertighaus gemietet am Rand dieser kleinen Stadt, in der Dave Musik unterrichtete.

Die Möbel im Wohnzimmer, eine Couch mit einem dazupassenden Stuhl und entsprechenden wandbehangartigen Vorhängen mit rot-weißem Westernmuster stammten aus dem Motel des Besitzers, ebenso der gestreifte Teppich. Sie fühlte sich wie auf der Durchreise, wie in einem Motel, nur schien ihr hier der Aufenthalt manchmal ewig zu dauern. Ungefähr vor einem Monat hatte sich Dave auf ihr Drängen hin um eine Lehrerstelle in einem andern Staat beworben. Jetzt war April, und so hoffte sie, daß sie im Juni anfangen könnten zu packen.

An diesem Abend war sie ruhelos. «Laß uns spazieren gehen. Es gibt hier so wenig zu tun. Und laß uns Coral mitnehmen.»

Sie fuhren einige Meilen die Bundesstraße 606 hinunter. Dave parkte am Straßenrand. Nachdem sie ein paar Schritte über ein Feld gegangen waren, wobei Cathy Nadine trug, kamen sie zu einem trockenen Flußbett. Dave zeigte auf die Spuren im Sand. Einige waren von großen Tieren, andere von kleineren. Obwohl es viele Spuren gab, sah man keine Tiere, und kein Laut brach die Stille, außer den wenigen Worten, die sie sprachen.

Als sie das ausgewaschene Flußbett entlanggingen, preschte ein Hase darüber. Coral jagte ihm hinterher. Der Hase ließ ihn weit hinter sich. Kurz darauf schreckten ihre Schritte eine Schar Wachteln auf, deren Farbe sich mit dem silbergrauen Laubwerk eines großen Manzanitastrauchs ver-

a large manzanita bush drying on one of the river banks. Running scattered ahead of them at first, the quail regrouped and flew away together as if in a determined direction. Darting from under a bush a cottontail brought another flash of life before disappearing farther, behind a rock. Cathy walked to it, and peered around it. But the rabbit had disappeared, although she couldn't find any hole or other escape. Nothing else stirred but insects looping before them. When some came near Coral's snout, he jumped up, his teeth clicking as he missed the bugs. Nadine laughed.

"A good-looking animal you got there," said a tall rancher, maybe six feet five, she judged, in jeans and working boots as he caught up with them. She hadn't heard him come up behind. With him was a woman.

"That's a cute baby," the woman said looking at Nadine.

The man extended a hand to Dave.

"Jim," he said. "My wife, Shirley."

She seemed as tall as he, over six feet.

They were going, they explained, after two horses grazing in an enclosed meadow. Before they left, Cathy had learned that they had been married two years like herself and Dave, that Shirley was a graduate from Berkeley who had met Jim on one of his return trips to San Francisco, where he had lived as a child. Shirley invited them for a visit after supper, around seven-thirty the next day. After they left, Dave and Cathy returned to their car.

"We may have found some friends. They're not from Sanrest either," Cathy remarked. "Perhaps we can meet sometimes on weekends."

"Might be," Dave said.

The following evening, while Dave carried Nadi-
12 ne's car bed to the car, Cathy went outside to tie
13 Coral. "Don't bark your head off," she told him.

mischt hatte, der an einem der Ufer vertrocknete. Nachdem sie zuerst vor ihnen auseinanderliefen, gruppierte sich die Schar neu und flog zusammen weg, als sei die Richtung vorbestimmt. Ein Kaninchen, das unter einem Busch hervorrannte, war ein weiteres Lebenszeichen, bevor es weiter weg hinter einem Felsen verschwand. Cathy lief hin und spähte dahinter. Aber das Kaninchen war verschwunden, obwohl sie kein Loch oder eine andere Zuflucht finden konnte. Nichts sonst bewegte sich, außer den Insekten, die vor ihnen herumschwirrten. Wenn die Fliegen in die Nähe von Corals Schnauze kamen, sprang er hoch, und seine Zähne schlugen aufeinander, wenn er sie verfehlte. Nadine lachte.

«Ein schönes Tier haben Sie da», sagte ein großgewachsener Rancher, vielleicht eins-fünfundneunzig, schätzte sie, in Jeans und Arbeitsstiefeln, als er sie einholte. Sie hatte ihn nicht von hinten herankommen gehört. Eine Frau war bei ihm.

«Was für ein niedliches Baby», sagte die Frau und betrachtete Nadine.

Der Mann gab Dave die Hand.

«Jim», sagte er. «Meine Frau Shirley.»

Sie schien genau so groß wie er, über eins-achtzig.

Sie wollten mal, wie sie sagten, nach ihren zwei Pferden sehen, die auf einer eingezäunten Wiese grasten. Bevor sie gingen, hatte Cathy erfahren, daß sie seit zwei Jahren verheiratet waren, genau wie sie und Dave, daß Shirley in Berkley Examen gemacht und Jim auf einer seiner Heimreisen nach San Francisco kennengelernt hatte, wo er aufgewachsen war. Shirley lud sie ein, sie am nächsten Tag gegen halb acht, nach dem Abendessen, zu besuchen. Als sie weg waren, gingen Dave und Cathy wieder zum Auto.

«Vielleicht haben wir Freunde gefunden. Sie sind auch nicht aus Sanrest», bemerkte Cathy. «Vielleicht können wir uns manchmal an den Wochenenden treffen.»

«Vielleicht», sagte Dave.

Am nächsten Abend, als Dave die Tragetasche für Nadine ins Auto brachte, ging Cathy hinaus, um Coral anzubinden. «Bell' nicht so verrückt», sagte sie.

Jim's and Shirley's house was a long ranch sheltered in the shade of a cluster of tall, transplanted oaks. The branches, still thin and flexible, swayed gently with the evening breeze. Beside the house, a wind-activated water-pump wheel squeaked.

It was seven-thirty when Cathy pushed the doorbell. Perhaps it was the contrast with their own small house that made this one appear so vast and silent. Shirley met them at the door.

Inside it was cool. Thick carpeting throughout the house muffled their steps as they came into the living room. One large painting hung above a king-size couch, two smaller ones on the wall opposite. They were all of meadows and water-filled creeks Cathy hadn't seen, against a desert background in shades of ochre with a deep reddish-brown rock here and there.

The large size, modern furniture, the smooth, long-top coffee table seemed lost in the spaciousness of the room. It felt like a suspension from the aridity of the plains.

"This house is like an oasis," Cathy said.

"It is," Jim said. "It has to be."

She pointed to the paintings.

"Where are the meadows?" she asked.

Shirley laughed.

"There are some," she said.

"There's a sense of freedom in Sanrest," Dave said.

He was from a small Eastern town and hadn't liked small-town gossip and what had gone with it. "The town is so dispersed. Everyone seems to mind his own business. Yet everyone is friendly."

"Except," Cathy reminded him, "that when you inquired about buying a lot to build on, no one would give you specific information."

"That's because we weren't really serious about buying," he said. "At least, you weren't."

Das Haus von Jim und Shirley war eine langgezogene Ranch im schützenden Schatten einiger neu gepflanzter großer Eichen. Die Zweige, noch dünn und biegsam, schwangen sanft in der Abendbrise. Neben dem Haus quietschte das Rad einer windgetriebenen Wasserpumpe.

Es war halb acht, als Cathy klingelte. Vielleicht war es der Gegensatz zu ihrem eigenen kleinen Haus, der dieses so riesengroß und still erscheinen ließ. Shirley öffnete ihnen die Tür.

Drinnen war es kühl. Dicke Teppiche überall im Haus dämpften ihre Schritte, während sie ins Wohnzimmer gingen. Ein großes Gemälde hing über einer mächtigen Couch, zwei kleinere an der Wand gegenüber. Auf allen waren Wiesen und Flußläufe mit Wasser dargestellt, wie Cathy sie noch nie gesehen hatte, gegen einen Wüstenhintergrund in ockerfarbenen Schattierungen mit rötlich-braunen Felsen hier und da.

Die großen, modernen Möbel, der glatte, lange Kaffeetisch standen wie verloren in der Weitläufigkeit des Zimmers. Es war wie eine Erholung von der Trockenheit der Hochebene.

«Dieses Haus ist wie eine Oase», sagte Cathy.

«Das ist es», meinte Jim. «Das muß es sein.»

Sie zeigte auf die Bilder.

«Wo sind diese Wiesen?» fragte sie.

Shirley lachte.

«Es gibt welche», sagte sie.

«Man hat so ein Gefühl von Freiheit in Sanrest», sagte Dave.

Er war aus einer kleinen Stadt im Osten und hatte den Kleinstadtklatsch und das, was dazu gehörte, nicht gemocht. «Die Stadt ist auseinandergezogen. Jeder scheint sich nur um sich selbst zu kümmern. Aber jeder ist freundlich.»

«Außer», erinnerte ihn Cathy, «daß niemand dir eine Auskunft gab, als du dich nach einem Bauplatz erkundigt hast.»

«Das war, weil wir nicht wirklich entschlossen waren, einen zu kaufen», sagte er. «Zumindest du nicht.»

"I don't know that anyone is willing to sell small parcels," Shirley said. "The farmers keep the land to raise cattle. Others are waiting for land developers. We're buying this ranch from Jim's aunt. She sold it to us after we were married."

"Then you've lived here for two years already," Cathy said.

"They went by fast," Shirley said.

"This land is virgin land," Jim said. "It doesn't need housing."

"To me," Cathy said, "until Nadine was born, it was vacation land. We went everywhere during weekends, Canyon de Chelly, Salt Lake Canyon on the way to Phoenix, Oak Creek on the way back. . ."

"That is a pretty drive, isn't it?" Shirley asked.

While Cathy talked with Shirley, Dave's and Jim's congenial voices filled in the background.

"Would you and Jim like to play cards some evening?" Cathy asked Shirley. "Pinochle perhaps?"

Before Shirley could answer, Jim was suddenly standing up, saying, "You must excuse me, folks. I go to bed early as I have to be at the creek with the cattle at five in the morning. It's thirty-five miles from here, so I have to be up at four. But feel free to stay." And on a handshake with Dave and her, he was gone.

A door closed somewhere down the hall. Cathy looked at her watch. It was eight o'clock. She reached for the car bed beside her.

"Do stay longer," Shirley said.

"Actually. . ." Cathy got up, ". . . Dave is taking the band to Flagstaff for adjudication tomorrow."

Dave stood up.

"We have to be up early too," he said.

"Would you and Jim like to come over Friday or
16 Saturday evening?" Cathy asked.

17 "It's always the same with Jim," Shirley ex-

«Ich weiß nicht, ob irgend jemand bereit ist, kleine Grundstücke zu verkaufen», meinte Shirley. «Die Farmer behalten das Land, um Vieh zu züchten. Andere warten darauf, daß das Land erschlossen wird. Wir haben diese Ranch von Jims Tante. Sie verkaufte sie uns, nachdem wir geheiratet hatten.»

«Dann wohnt ihr schon fast zwei Jahre hier», sagte Cathy.

«Die sind schnell vergangen», meinte Shirley.

«Dieses Land ist fruchtbares Land», sagte Jim. «Es braucht keine Besiedlung.»

«Für mich», erwiderte Cathy, «war es Ferienland, bis Nadine zur Welt kam. Wir fuhren an den Wochenenden überall hin, Canyon de Chelly, Salt Lake Canyon auf dem Weg nach Phoenix, Oak Creek auf dem Rückweg ...».

«Das ist eine schöne Fahrt, nicht wahr?» fragte Shirley.

Während Cathy mit Shirley plauderte, erfüllten Daves und Jims Stimmen, die sich ähnelten, den Hintergrund.

«Hättet ihr beide Lust, du und Jim einmal abends Karten zu spielen?» wandte sich Cathy an Shirley. «Pinokel vielleicht?»

Bevor Shirley antworten konnte, stand Jim plötzlich auf und sagte: «Ihr müßt mich entschuldigen, Leute. Ich gehe früh ins Bett, weil ich um fünf Uhr morgens mit dem Vieh am Fluß sein muß. Es sind fünfunddreißig Meilen von hier, also muß ich um vier aufstehen. Aber bleibt nur noch.» Und kaum hatte er Dave und ihr die Hand gegeben, war er schon verschwunden.

Eine Tür schloß sich irgendwo in der Diele. Cathy schaute auf ihre Armbanduhr. Es war acht. Sie griff nach der Tragetasche neben ihr.

«Bleibt doch noch», sagte Shirley.

«Eigentlich ...» Cathy stand auf, «fährt Dave morgen mit dem Orchester nach Flagstaff zum Wettbewerb.»

Dave erhob sich.

«Wir müssen auch früh aufstehen», sagte er.

«Möchtest du mit Jim am Freitag oder Samstag abend vorbeikommen?» fragte Cathy.

«Es ist immer das Gleiche mit Jim», erklärte Shirley. «Er

plained. "He goes to bed at eight and gets up at four. Sundays included."

"You get up early too?" Cathy asked.

Shirley nodded. "This way my chores are finished early. Then I prepare the men's lunches and drive to the creek. I come back with Jim about four."

They said goodbye, went out to the car.

"That was the shortest ‚Come over for a while' I've ever been to," Cathy remarked.

"They're busy, all right," Dave said. "But they weren't unfriendly."

"When I'm very old and trembly, perhaps I'll tell people... Well, with so little time, it's amazing that they asked us over at all."

"You're not taking it personally, are you?"

She shrugged her shoulders.

For a ride, they drove to the Painted Desert just a few miles away.

"Why don't you come with me tomorrow?" Dave asked.

"Nadine would need a baby sitter, and I don't know of anyone to entrust her with. Do you?"

"Can't you prepare her bottles and pack a few diapers?"

"It really wouldn't be good for her. The heat... the noise. I'd have to rent a motel room. I may as well stay at home."

She turned her head toward the baby in the car bed between them. Nadine's eyes were wide open. They fixed on Cathy's face without blinking, but as soon as Cathy rested her eyes on her, the *O* of Nadine's mouth curved up in a smile like the raised crescent of the moon. Cathy gave her her hand, and the baby grabbed her thumb, the small fingers fastening around it as if on a hook. As Cathy looked away, she saw Nadine's expression turn serious again, her eyes set on her mother's profile.

geht um acht ins Bett und steht um vier auf. Auch sonntags.»

«Stehst du auch so früh auf?» fragte Cathy.

Shirley nickte. «Auf diese Art sind meine Hausarbeiten früh fertig. Dann mache ich das Mittagessen für die Männer und fahre zum Fluß. Ich komme mit Jim so um vier zurück.»

Sie verabschiedeten sich und gingen hinaus zum Auto.

«Das war das kürzeste ‹Schaut-doch-mal-rein›, auf dem ich je war», bemerkte Cathy.

«Sie haben keine Zeit, klar», sagte Dave. «Aber sie waren nicht unfreundlich.»

«Wenn ich alt und zittrig bin, werde ich den Leuten vielleicht erzählen ... Nun, bei so wenig Zeit ist es ein Wunder, daß sie uns überhaupt eingeladen haben.»

«Du beziehst es doch nicht auf dich?»

Sie zuckte die Schultern.

Um etwas zu unternehmen, fuhren sie nur einige Meilen weiter zum Painted Desert.

«Warum willst du nicht morgen mitkommen?» fragte Dave.

«Nadine bräuchte einen Babysitter, und ich weiß niemanden, dem ich sie anvertrauen könnte. Du vielleicht?»

«Kannst du nicht ihre Fläschchen vorbereiten und ein paar Windeln einpacken?»

«Es wäre wirklich nicht gut für sie. Die Hitze ... der Lärm. Ich müßte ein Motelzimmer mieten. Da kann ich auch zu Hause bleiben.»

Sie beugte den Kopf über das Baby in der Tragetasche zwischen ihnen. Nadines Augen waren weit offen. Sie schauten Cathys Gesicht an ohne zu zwinkern, aber als Cathy die Augen auf ihr ruhen ließ, verzog sich Nadines runder Mund zu einem Lächeln wie ein aufgehender Halbmond. Cathy gab ihr ihre Hand, und das Baby ergriff den Daumen, und die kleinen Finger klammerten sich daran wie an einen Haken. Als Cathy wegschaute, sah sie, wie Nadines Gesichtsausdruck wieder ernst wurde, die Augen auf das Profil ihrer Mutter gerichtet.

Dave stopped the car at a viewpoint. They both got out, stood a while overlooking the desert. Dave put an arm around her shoulders. "We'll go somewhere soon," he said. "We'll do something. We'll figure something out."

The sun had set. Dusk turned the pink and green shades of the Painted Desert into a lunar landscape. Isolated rock formations piercing the bluing haze looked, in the distance, like the ruins of some ancient planet.

They returned home, turned north on the path that circled their house farther up, past the motel, the Trading Post, the cluster of onemultiple-purpose-room apartments shaped like hogans, which, along with the local store adjoining the post office, formed the center of the village. Dave pulled up by the side of their house. Cathy got out.

She heard the dog dragging his chain in and out of the doghouse. He was growling as if he had been angered and hadn't yet settled. While Dave carried Nadine inside the house, Cathy went to untie Coral. She saw the back of the Indian woman decreasing in the distance. She brought Coral inside the house with her.

"I don't understand why he behaves this way with her. I like her."

Dave shrugged his shoulders. "He's growing up. He thinks he should guard his home. I wouldn't make too much of it."

The next morning before leaving with the band, Dave went in the bedroom to look at Nadine. He bent over, kissed her on the forehead.

"She's got to be good company," he said to Cathy. "It must be nice to relax with your little daughter."

The baby's feet started pounding, her arms went up.

20 Then he kissed Cathy good-bye. "I'll miss you."

21 "About what time?"

Dave hielt bei einem Aussichtspunkt an. Sie stiegen aus, standen eine Weile da und blickten über die Wüste. Dave legte den Arm um ihre Schulter. «Wir gehen bald irgendwohin», sagte er. «Wir unternehmen etwas. Wir werden etwas finden.»

Die Sonne war untergegangen. Die Dämmerung verwandelte die rosa und grünen Schatten des Painted Desert in eine Mondlandschaft. Einzelne Felsgebilde, die in den bläulichen Dunst ragten, sahen in der Ferne aus wie Ruinen eines alten Planeten.

Sie wandten sich wieder heimwärts und fuhren auf dem Weg, der weiter hinten ums Haus führte, nach Norden, am Motel vorbei, am Kaufhaus, an dem Konglomerat von Ein-Zimmer-Appartements, die wie Schweinekoben aussahen, und die zusammen mit dem Laden neben der Post das Zentrum des Ortes bildeten. Dave hielt neben dem Haus. Cathy stieg aus.

Sie hörte, wie der Hund seine Kette in die Hundehütte hinein und wieder heraus schleifte. Er knurrte, als wäre er geärgert worden und hätte sich noch nicht beruhigt. Während Dave Nadine ins Haus trug, ging Cathy zu Coral, um ihn loszubinden. Sie sah den Rücken der Indianerfrau in der Ferne verschwinden. Sie nahm Coral mit ins Haus.

«Ich verstehe nicht, warum er sich ihr gegenüber so benimmt. Ich mag sie.»

Dave zuckte die Schultern. «Er wird erwachsen. Er denkt, er muß sein Zuhause bewachen. Ich würde mir nichts daraus machen.»

Am nächsten Morgen, bevor er mit dem Orchester wegfuhr, ging Dave ins Schlafzimmer, um nach Nadine zu sehen. Er beugte sich hinunter und küßte ihre Stirn.

«Sie leistet dir gute Gesellschaft», sagte er zu Cathy. «Es muß schön sein, sich mit seiner kleinen Tochter zusammen auszuruhen.»

Die Füße des Babys begannen zu strampeln, die Arme hoben sich.

Er küßte Cathy zum Abschied. «Du wirst mir fehlen.»

«Wann bist du zurück?»

"I'll be back as soon as I can. You know that."

"I know," she said.

Behind the front door, her forehead against the windowpane, she watched him walk toward the school and help the students with the loading of musical instruments on the bus. Then he talked for a few minutes with the chaperons, students swarming around them. Once he got on the bus, she saw him give instructions to the driver, then sit and turn to face the students. They seemed to be cheering; he, amused, so that when the bus left the school yard and circled the house, he didn't look toward it.

The yellow bulk of the bus swerved from the dirt road onto the highway where it disappeared from her sight.

She went back in the bedroom, picked Nadine up.

"It's going to be you and I for a very long day," Cathy told her. The baby smiled.

After Cathy had fed her and bathed her, she sat on the couch with Nadine. Coral settled between Cathy's sandals and the couch. She nudged him with her foot to play. When he looked up, shaking his head, grinning, it seemed, Nadine laughed. Cathy sang "Rock-a-bye, baby" to her, played "peek-aboo" hiding her face behind her hand. Nadine responded with a light staccato laugh. It stopped as briskly as it had started. Cathy continued playing for a while just to hear it.

After she had put Nadine back in bed, she took the clean diapers out of the machine and went outside to hang them. Coral preceded her. The Indian woman appeared in the distance. When the diapers were hung, Cathy put the dog in the house, went in, and came back out with a glass of juice.

The woman stopped, drank the juice, nodded, wiped her forehead, pushing back the strayed hair.
22 She rested her eyes on Cathy.

23 "Yes," Cathy said. "It really is very hot. If you'd

«So früh ich kann. Das weißt du.»

«Ja, ich weiß», sagte sie.

Hinter der Haustür stehend, die Stirn am Rahmen der Glasscheibe, sah sie ihn zur Schule laufen und den Schülern helfen, ihre Musikinstrumente in den Bus zu laden. Dann sprach er ein paar Minuten lang mit den Betreuern, während die Schüler um sie herumschwirrten. Als er in den Bus stieg, sah sie, daß er dem Fahrer Anweisungen gab, sich setzte und sich zu den Schülern umdrehte. Sie schienen Beifall zu klatschen; er schien sich zu freuen, so daß er, als der Bus den Schulhof verließ und ums Haus fuhr, nicht herüber schaute.

Die gelbe Masse des Busses bog von dem Sandweg auf den Highway ab, wo er aus ihrem Blickfeld verschwand.

Sie ging zurück ins Schlafzimmer und hob Nadine auf.

«Einen sehr langen Tag lang gibt es nur dich und mich», sagte Cathy zu ihr. Das Baby lächelte.

Nachdem Cathy sie gefüttert und gebadet hatte, setzte sie sich mit Nadine auf die Couch. Coral ließ sich zwischen Cathys Sandalen und der Couch nieder. Sie stieß ihn mit dem Fuß an, um mit ihm zu spielen. Als er aufsah, den Kopf schüttelte, und, wie es schien, grinste, lachte Nadine. Cathy sang ihr «Rock-a-bye, baby» vor und spielte «Kuckuck», indem sie ihr Gesicht hinter ihrer Hand versteckte. Nadine antwortete mit einem leichten, abgehackten Lachen. Es hörte so plötzlich auf, wie es begonnen hatte. Cathy spielte eine Weile weiter, nur um es zu hören.

Nachdem sie Nadine ins Bett zurück gebracht hatte, holte sie die sauberen Windeln aus der Maschine und ging hinaus, um sie aufzuhängen. Coral lief vor ihr her. Die Indianerfrau erschien in der Ferne. Als die Windeln aufgehängt waren, brachte Cathy den Hund ins Haus, ging hinein und kam mit einem Glas Saft zurück.

Die Frau blieb stehen, trank den Saft, nickte, wischte sich die Stirn ab und strich die losen Haare zurück. Sie ließ ihren Blick auf Cathy ruhen.

«Ja», sagte Cathy. «Es ist wirklich sehr heiß. Wenn Sie

like to rest a while..." She sounded like a broken record. The woman was going, already turning the corner of the house followed by the dog's barking.

At noon, Cathy heard the shrieks of the students in the school yard. She went toward the back door intending to take the diapers down. Mrs. Morin, one of the school teachers whom she had met at school functions, was coming down the path toward the house. She was almost a neighbor, living in one of the hogan-shaped apartments near the Trading Post. A talkative woman in her fifties, she visited occasionally, mostly to discuss school policies with Dave, and acted friendly except for the double-entendre remarks here and there that Cathy dismissed as probably not intended.

To her surprise, she saw Mrs. Morin turn sharply off the path, walk around the back fence toward the side of the house where Dave had parked the car the evening before. Cathy thought that Mrs. Morin might be coming to see Nadine because she hadn't stopped by in a long time. She went to the front door expecting to open it just as Mrs. Morin had reached it. No one was there. She waited a few seconds; but as no one came, she went to the corner of the house. There, she saw Mrs. Morin's back as she had stooped down to look closely at the license plate of the car. Then she saw her stand up, look inside the car through the rear window, and after walking to the side of the car, peer through the side window as if she had never seen the car before. Mrs. Morin took a few steps backward, threw her head back encompassing the whole car in her glance, and then she walked to the front of it.

What in the world was she doing? Cathy walked toward her. She smiled. "It's the same car," she said. "We don't change every year. But I saw you
24 come down the path and thought you might like to
25 have some lunch. We can chat."

sich ein wenig ausruhen wollen...». Sie hörte sich an wie eine Schallplatte mit Sprung. Die Frau ging weg, war schon um die Hausecke, gefolgt vom Gebell des Hundes.

Mittags hörte Cathy das Geschrei der Schüler auf dem Schulhof. Sie ging zur Hintertür und wollte die Windeln holen. Mrs. Morin, eine von den Lehrerinnen der Schule, die sie bei Schulveranstaltungen kennengelernt hatte, kam den Pfad herunter auf das Haus zu. Sie war fast eine Nachbarin, denn sie wohnte in einem der schweinekobenförmigen Appartments in der Nähe des Kaufhauses. Sie war eine redselige Frau in den Fünfzigern, kam gelegentlich, meistens um mit Dave über Schulangelegenheiten zu reden, und behandelte sie freundlich bis auf die zweideutigen Bemerkungen hier und da, die Cathy als wahrscheinlich unbeabsichtigt abtat.

Zu ihrer Überraschung sah sie Mrs. Morin scharf vom Pfad abbiegen und um den hinteren Zaun zum Haus herum laufen, wo Dave gestern Abend das Auto geparkt hatte. Cathy dachte, Mrs. Morin komme vielleicht, um Nadine zu sehen, weil sie schon lange nicht mehr vorbeigeschaut hatte. Sie ging zur Haustür und hatte vor, zu öffnen, wenn Mrs. Morin davor stehen würde. Aber niemand war da. Cathy wartete ein paar Sekunden, aber als niemand kam, ging sie zur Hausecke.

Dort sah sie Mrs. Morin von hinten; die war in die Hocke gegangen, um die Kennzeichen des Autos genau zu betrachten. Dann sah Cathy Mrs. Morin durch das Rückfenster ins Auto schauen und, nachdem sie an die Seite des Autos gegangen war, durch das Seitenfenster hineinspähen, als hätte sie das Auto noch nie gesehen. Mrs. Morin trat ein paar Schritte rückwärts, warf den Kopf zurück, umfaßte das ganze Auto mit einem Blick und lief dann nach vorn.

Was in aller Welt tat sie? Cathy ging auf sie zu. Sie lächelte. «Es ist noch dasselbe Auto», sagte sie. «Wir wechseln es nicht jedes Jahr. Aber ich sah Sie den Pfad herunter kommen und dachte, Sie möchten vielleicht mit mir zu Mittag essen. Wir können ein wenig plaudern.»

As Cathy talked, Mrs. Morin sprang up and turned toward her as if she had been offended.

"Whose car is this?" she asked. "It's not your husband's!"

"Of course, it is," Cathy said. "It's our car."

"Didn't Dave go to Flagstaff?"

"This morning with the band and the glee club."

"Then whose car is it?"

"*Ours*! He went on the bus."

"Then how did he go?"

"In the bus," Cathy repeated, bewildered. "With the students. Don't you recognize our car? It's always parked here or at the front of the house."

Mrs. Morin stood still, still looking at the car.

"It's our car," Cathy said again, unable to find more convincing words before, what she thought, was so obvious.

"Oh! Well, I don't recognize it."

"Whose car do you think it is?"

Mrs. Morin didn't answer. She turned to glance at the car once more, paused slightly as if to memorize the license number, but offered no explanation. Before leaving, accusation persisting in her voice, she asked again, "he went on the bus?"

By now there seemed only one possibility for her actions and tone of voice. It hit Cathy like a slap across the face. Indignation tightened her throat like a vise, hurtful and smothering.

"Surely you wouldn't! You couldn't! You couldn't possibly think that, that I had a lover! Oh, you . . . you . . ."

"Well, I'll have to go on home for lunch," Mrs. Morin said.

Cathy's heart beating erratically, she no longer trusted herself to speak and let her go.

She went back in the house. So then, isolated there in Dave's protective shadow, a stranger within the community, she aroused curiosity. Ques-

Als Cathy sie ansprach, sprang Mrs. Morin auf und drehte sich zu ihr um, als sei sie ertappt worden.

«Wessen Auto ist das?» fragte sie. «Es ist nicht das von Ihrem Mann!»

«Natürlich ist es das», sagte Cathy. «Das ist unser Auto.»

«Ist Dave nicht nach Flagstaff gefahren?»

«Heute morgen, mit dem Orchester und dem Chor.»

«Wessen Auto ist das dann?»

«*Unsers!* Er ist mit dem Bus gefahren.»

«Womit ist er dann gefahren?»

«Mit dem Bus», wiederholte Cathy verwirrt. «Mit den Schülern. Erkennen Sie unser Auto nicht? Es steht immer hier oder vor dem Haus.»

Mrs. Morin stand ruhig da und betrachtete immer noch das Auto.

«Es ist unser Auto», sagte Cathy wieder, unfähig, überzeugendere Worte für etwas zu finden, was so klar war.

«Oh! Also ich erkenne es nicht.»

«Wessen Auto, denken Sie ist es?»

Mrs. Morin antwortete nicht. Sie drehte sich noch einmal um und schaute das Auto an, hielt kurz inne, wie um sich das Kennzeichen zu merken, gab aber keine Erklärung. Bevor sie ging, fragte sie noch einmal mit anklagender Stimme: «Er ist mit dem Bus gefahren?»

Nun schien es nur eine Möglichkeit für ihr Benehmen und ihren Tonfall zu geben. Es traf Cathy wie ein Schlag ins Gesicht. Die Entrüstung schnürte ihr die Kehle zu wie ein Schraubstock, schmerzhaft und erstickend.

«Das täten Sie doch nicht! Das könnten Sie nicht! Sie können doch unmöglich denken, ich hätte einen Liebhaber! Oh, Sie ... Sie ...»

«Nun, ich muß nach Hause zum Mittagessen», sagte Mrs. Morin.

Cathys Herz klopfte wild, sie wagte nicht mehr zu reden und ließ sie gehen.

Sie lief ins Haus zurück. Also erweckte sie Neugier, sie, abgesondert durch Daves schützenden Schatten, eine Fremde in der Gemeinschaft. Fragen, die man sich anfangs wahr-

tions, probably asked innocently at first about her, were carried across the wilderness with the speed of tumbleweeds in a sandstorm, gathering doubts as they went from mouth to mouth, to end metamorphosed into distrust. It was so unfair! So scandalous! When she thought that Dave had said that everyone was friendly!

She tried to bake; it was too hot. She tried to sew, but the needle stuck to her fingers. She opened a book to read. Soon Mrs. Morin's silhouette taking a close look at the license plate overtook the printed page. Nadine was fretting. She couldn't sleep in the heat that the water cooler, rumbling and droning, rumbling and droning, couldn't abate. Cathy thought of Shirley's living room unscathed by the noon rays of the sun. It wavered before her eyes like a mirage. She closed her book, filled Nadine's bathtub, bathed her again to cool her, a mobile of Mrs. Morin bending over cars bobbing between herself and the baby. She realized that she wasn't responding to Nadine's smiles and made an effort to make a few "goo-goo" noises, triggering a frenzy of kicking arms and legs. After her bath, Nadine fell asleep.

The afternoon stretched out as endless as a trip on desert roads under a blinding sun.

By eight o'clock, the bus bringing Dave back hadn't yet pulled in. She went on the front porch to watch for the Indian woman on her way back from work. She saw her come. Suddenly, the woman made a sharp turn off the path, into the fields, away from the house.

Soon after, the bus pulled in, at the front of the school. Once the musical instruments had been unloaded, the students gathered around Dave, excited. From their shouts, she learned before Dave reached home that they had received superior ratings. It
28 had been beyond anyone's expectation because there
29 hadn't been a music teacher the previous year.

scheinlich harmlos über sie stellte, wurden durch die Wildnis getragen mit der Geschwindigkeit von Unkrautsamen in einem Sandsturm, reicherten sich, indem sie von Mund zu Mund gingen, mit Zweifeln an und verwandelten sich schließlich in Mißtrauen. Es war so unfair! So unverschämt! Wenn sie daran dachte, daß Dave gesagt hatte, alle seien so freundlich!

Sie versuchte, etwas zu backen; es war zu heiß. Sie versuchte zu nähen, aber die Nadel klebte an ihren Fingern. Sie öffnete ein Buch um zu lesen. Bald lag Mrs. Morins Schatten, der das Nummernschild genau betrachtete, über der gedruckten Seite. Nadine ärgerte sie. Sie konnte in der Hitze nicht schlafen, die der Wasserkühler, der rumpelte und summte, rumpelte und summte, nicht mildern konnte. Cathy dachte an Shirleys Wohnzimmer, das von den Strahlen der Mittagssonne unbehelligt blieb. Es flimmerte vor ihren Augen wie ein Wunder. Sie schloß ihr Buch, füllte Nadines Badewanne, badete sie noch einmal, um sie abzukühlen, wobei sich ein Mobile von Mrs. Morins, die sich über Autos beugten, zwischen ihr und dem Baby bewegte. Sie bemerkte, daß sie nicht auf Nadines Lächeln antwortete und strengte sich an, ein paar «gugu»-Laute zu machen, die ein wildes Gestrampel von Armen und Beinen auslösten. Nach dem Bad schlief Nadine ein.

Der Nachmittag zog sich endlos hin wie eine Fahrt auf Wüstenstraßen unter sengender Sonne.

Um acht Uhr war der Bus, der Dave zurückbrachte, noch nicht vorgefahren. Cathy ging auf die vordere Veranda, um nach der Indianerfrau auf ihrem Heimweg von der Arbeit Ausschau zu halten. Sie sah sie kommen. Plötzlich bog die Frau scharf vom Pfad ab, in die Felder, weg vom Haus.

Bald darauf kam der Bus vor der Schule an. Sobald die Musikinstrumente ausgeladen waren, scharten sich die Schüler um Dave, immer noch aufgeregt. Aus ihrem Geschnatter erfuhr Cathy schon bevor Dave zu Hause angekommen war, daß sie ziemlich gut abgeschnitten hatten. Das hatte niemand erwartet, da im Jahr zuvor kein Musiklehrer dagewesen war.

When Dave came in, she threw her arms around his neck. "Congratulations," she said.

"How's my family?" Dave asked.

"One member is asleep; the other waiting to hear all about your day. As for Coral, you see that he's a welcoming committee all by himself."

Dave kissed her. "A good shower, and I'll tell you about everything," he said.

"Had any supper?"

"We ate before we left Flagstaff."

While he was in the shower, she prepared some crackers and cheese, opened a jar of olives, poured two martinis. She set the refreshments on the living room coffee table. She sat on the couch waiting for him. To cheer herself up, she began humming the tune of "I Love Paris," which she had heard earlier on the radio. She closed her eyes, remembered the events of the day, saw Mrs. Morin like a cardboard figure in an animated book bending over the license plate. She wouldn't tell Dave about the incident. Unconsciously, she changed the words of the song. "I hate Sanrest in the summer; I hate Sanrest in the spring; I . . .". She opened her eyes. Dave was standing in the doorway between the kitchen and the living room. He looked startled.

He came toward her. "What's this you were singing?"

She didn't answer. Her nails drove into the Western material of the couch. He sat near her, put his arm around her shoulders. "Is it really that bad?"

"It was a long, hot day," she said. "That's all. Well, the school year is almost over. You'll soon get answers to your inquiries."

He moved away from her, but kept her hand in his.

"Actually . . . I did." He hesitated. "From Aurora, New York. They'd like an interview."

Als Dave hereinkam, warf sie ihm die Arme um den Hals. «Herzlichen Glückwunsch», sagte sie.

«Wie geht es meiner Familie?» fragte Dave.

«Ein Mitglied schläft; das andere wartet darauf, alles über deinen Tag zu erfahren. Und Coral, weißt du, ist ganz für sich allein ein Empfangskomitee.»

Dave küßte sie. «Schön duschen, und ich erzähle dir alles», sagte er.

«Hast du etwas gegessen?»

«Bevor wir in Flagstaff weggefahren sind.»

Während er duschte, machte sie ein paar Käsecräcker, öffnete ein Glas Oliven, schenkte zwei Martinis ein und stellte diese Erfrischungen auf den Kaffeetisch im Wohnzimmer. Sie saß auf der Couch und wartete auf ihn. Um sich aufzumuntern, begann sie die Melodie von «Ich liebe Paris» zu summen, die sie zuvor im Radio gehört hatte.

Cathy schloß die Augen, erinnerte sich an die Ereignisse des Tages, sah Mrs. Morin wie eine Pappfigur in einem Bilderbuch über das Nummernschild gebeugt. Sie würde Dave nichts von dem Vorfall erzählen. Unbewußt änderte sie die Worte des Liedes. «Ich hasse Sanrest im Sommer; ich hasse Sanrest im Frühling; ich hasse...» Sie öffnete die Augen. Dave stand in der Tür zwischen Küche und Wohnzimmer. Er sah erschrocken aus.

Er kam auf sie zu. «Was ist das, das du da eben gesungen hast?»

Sie antwortete nicht. Ihre Fingernägel bohrten sich in den Westernstoff der Couch. Er setzte sich neben sie und legte ihr den Arm um die Schultern. «Ist es wirklich so schlimm?»

«Es war ein langer, heißer Tag», sagte sie. «Das ist alles. Nun, das Schuljahr ist fast vorbei. Du wirst bald Antworten auf deine Bewerbungen bekommen.»

Er rückte von ihr weg, behielt aber weiter ihre Hand in der seinen.

«Eigentlich ... habe ich schon eine.» Er zögerte. «Aus Aurora, New York. Sie möchten ein Vorstellungsgespräch.»

As she waited for him to continue, her head turned toward his, he added, "It's a long way to Aurora."

"What about California, then?" she asked.

"Nothing yet. Anyway, McCormick..." He paused.

McCormick, she knew, was the school superintendent.

"Look," he said, "McCormick drove to Flagstaff. He stopped to hear the band. He was on his way to Phoenix to interview teachers. He pressed for a commitment, promised more funds for the department to buy more instruments. I said I couldn't confirm until I had talked it over with you. I thought one more year. But I guess not."

He let go of her hand, bent his head down, joined his hands between his knees.

As he talked, the multicolored stripes of the ex-motel rug had merged into one blurry bubble.

She whispered, "One more year!"

"As long as we were together, I didn't think it was that bad."

One more year, she thought. The bubble burst. She ran a finger along her nose.

"But not more. Promise? Not more than one?"

She raised her glass in a small cheering gesture, drank half of her martini, ate a few crackers, drank the other half.

"It's been a hot day," she said.

She got up, went to the cupboard, began pouring another martini.

He came from behind her, held her hand back.

"It's not another martini you want," he said.

Long after he had fallen asleep, she was still awake. She got up without awakening anyone. She stepped out on the back porch. She began walk-
32 ing north on the path, her steps fast and regular,
33 reminiscent of her Girl Scout days. She had once

Als sie, den Kopf ihm zugewandt, wartete, daß er weitersprach, fügte er hinzu: «Es ist weit bis Aurora.»

«Was ist denn mit Kalifornien?» fragte sie.

«Bis jetzt noch nichts. Überhaupt, McCormick...» Er sprach nicht weiter.

McCormick, das wußte sie, war der Schulleiter.

«Sieh mal», sagte er, «McCormick fuhr auch nach Flagstaff, denn er war auf dem Weg nach Phoenix, um Vorstellungsgespräche mit Lehrern zu führen. Er blieb, um das Orchester zu hören. Dann drängte er mich, zu verlängern, versprach mehr Geld für mein Fach, um mehr Instrumente zu kaufen. Ich antwortete, ich könne nicht zusagen, bevor ich mit dir darüber geredet hätte. Ich dachte, noch ein Jahr. Aber ich glaube, nun lieber nicht.»

Er ließ ihre Hand los, senkte den Kopf und preßte die Hände zwischen den Knien zusammen.

Während er sprach, waren die vielfarbigen Streifen des ehemaligen Motelteppichs zu einer verschwommenen Seifenblase geworden.

Sie flüsterte: «Noch ein Jahr!»

«Solange wir zusammen sind, dachte ich wäre es nicht so schlimm.»

Noch ein Jahr, dachte sie. Die Seifenblase platzte. Sie fuhr sich mit dem Finger über die Nase.

«Aber nicht länger. Versprochen? Nicht mehr als eins?»

Sie hob ihr Glas mit einer kleinen, aufmunternden Geste, trank die Hälfte ihres Martinis, aß ein paar Cräcker, trank die andere Hälfte.

«Es war ein heißer Tag», sagte sie.

Sie stand auf, ging zum Schrank und begann, sich noch einen Martini einzuschenken.

Er trat hinter sie und hielt ihre Hand zurück.

«Du brauchst nicht noch einen Martini», sagte er.

Lange nachdem er eingeschlafen war, war sie noch wach. Sie stand auf, ohne jemanden zu wecken. Sie trat hinaus auf die hintere Veranda. Sie lief auf dem Pfad Richtung Norden, ihre schnellen und regelmäßigen Schritte erinnerten sie an ihre Pfadfinderzeit. Sie hatte einmal zu Dave

said to Dave: "To the end of the world." It seemed that way now. Around her wrists and ankles, the cold narrowed its circles, as cutting as steel, as shackles perhaps! There was no one in sight, no sound but the intermittent yapping of coyotes. The wilderness stretched, infinite, strewn with arched stumps of stunted bushes. Under the dim light of the moon, they looked like the stooping shadows of prairie dogs.

She turned around. In the distance, her house had decreased to the size of an oyster shell. As uneven in shape, it rested on the outer edge of the village. The path, in circling the house, wound itself beneath the clamped lid.

The cold, which wrapped her body like the shawl of the Indian woman, penetrated deeper within.

As when she had been a child, she lost herself in a contemplation of the myriad of stars overhead, the riddle of the outer rim where none ever shone. A little flame danced within herself, she didn't know why. She furrowed deeper into the shadows of the fields, and the yaps of coyotes closed in. She had been out a long time in her light blouse and shorts.

She reached the house and opened the back door just as Nadine began to whimper.

She hurried to warm the baby bottle, to give Nadine her one o'clock feeding. Nadine drank little of the milk. She was colicky and cried most of the night despite Cathy's soothing. Finally, in the morning, Nadine fell asleep.

It was already nine-thirty when Cathy began washing diapers. She glanced outside, saw the woman come. The baby cried. She rushed outside and set a glass of juice on a fence post in the shade of the house. She brought the dog in and went back to attend to Nadine. Later on, she picked up the
34 empty glass.
35 The following night wasn't any better, and the

gesagt: «Bis ans Ende der Welt.» So schien es jetzt zu sein. Um ihre Handgelenke und Knöchel legte die Kälte enge Reifen, schneidend wie Stahl, vielleicht wie Fesseln. Kein Lebewesen war zu sehen, nichts war zu hören als das gelegentliche Kläffen der Koyoten. Die Wüste dehnte sich in die Unendlichkeit, sie war bestreut mit gebeugten Stümpfen verkümmerter Büsche. Im trüben Mondlicht sahen sie aus wie gebückte Schatten von Präriehunden.

Sie drehte sich um. In der Ferne war ihr Haus auf die Größe einer Austernschale geschrumpft. Genauso ungleichmäßig geformt, ruhte es am äußeren Rand des Dorfes. Der Pfad, der um das Haus lief, wand sich in die geschlossene Schale.

Die Kälte, die ihren Körper wie der Schal der Indianerfrau umgab, drang tiefer.

Wie zu ihrer Kinderzeit verlor sie sich in der Betrachtung der unzähligen Sterne über ihr, dem Rätsel des äußersten Randes, wo keiner mehr schien. Eine kleine Flamme tanzte in ihr, sie wußte nicht warum. Sie schmiegte sich tiefer in die Schatten der Felder, und das Kläffen der Koyoten hörte auf. Sie war lange draußen gewesen in ihrer leichten Bluse und den Shorts.

Sie erreichte das Haus und öffnete die Hintertür, gerade als Nadine zu weinen begann.

Sie wärmte jetzt schleunigst die Babyflasche, um Nadine ihre ein-Uhr-Mahlzeit zu geben. Nadine trank nur wenig Milch. Sie hatte Krämpfe und schrie fast die ganze Nacht trotz Cathys Besänftigung. Erst gegen Morgen schlief Nadine ein.

Es war schon halb zehn, als Cathy anfing die Windeln zu waschen. Sie warf einen Blick hinaus und sah die Frau kommen. Das Baby schrie. Sie ging rasch nach draußen und stellte ein Glas Saft auf einen Zaunpfosten im Schatten des Hauses. Sie brachte den Hund nach drinnen und ging zurück, um sich um Nadine zu kümmern. Später holte sie das leere Glas.

Die kommende Nacht war nicht besser, und der Tag war

day was a repeat of the previous one. Cathy was still taking care of Nadine when Coral, tied outside, started growling. It didn't sound particularly mean, just a dog's warning. The she heard the chain as he went back into his doghouse.

She felt better. Apparently, he was beginning to know the woman. Cathy put Nadine back into her crib and hurried to the kitchen to pour the juice.

Coral began barking again, enraged this time. Looking outside from the kitchen window, she didn't see anyone, but she heard the repeated noise of small rocks hitting the ground occasionally, to the furious barking of the dog.

Glass in hand, she stepped outside, hushed him, thankful for the chain that held him back. She looked toward the side of the house. She saw the woman dart from the opposite corner, running away, barrel-like, down the path.

The next day, Cathy made sure to keep Coral in the house. She prepared the juice and took the clothes out of the washer to hang them to dry. She wanted to tell the woman that she understood how annoying the dog's barking was; but she also wanted to ask her not to throw rocks at him.

She saw the dot of the woman coming down the path. As Cathy hung the diapers, the shape grew in the distance. She picked up the empty basket, went in the house. Above the drone of the water cooler, she heard the sounds of Nadine's awakening.

She rushed back to the fence before the woman had reached it, handed her the glass. As she passed, the woman nodded no and kept on walking.

Cathy returned inside the house. She stood at the opposite window, still holding the glass. She watched the slow motion of the woman's walk, the slight sway from one foot to the other, the brushing of her forehead as she walked, the shiny blue material of her dress iridescent in the sunlight.

eine Wiederholung des vorherigen. Cathy war immer noch mit Nadine beschäftigt, als Coral, der draußen angebunden war, zu knurren begann. Es hörte sich nicht besonders böse an, nur wie das Warnen eines Hundes. Dann hörte sie die Kette, als er in die Hundehütte zurück ging.

Es ging ihr besser. Anscheinend lernte er die Frau langsam kennen. Cathy legte Nadine in ihre Wiege zurück und lief in die Küche, um den Saft einzuschenken.

Coral bellte wieder, dieses Mal aufgebracht. Als sie durch das Küchenfenster hinausschaute, sah sie niemanden, aber sie hörte das wiederkehrende Geräusch von kleinen Steinen, die in Abständen auf den Boden trafen, neben dem wütenden Gebell des Hundes.

Das Glas in der Hand, ging sie hinaus und beruhigte ihn, dankbar, daß die Kette ihn festhielt. Sie schaute ums Haus herum und sah die Indianerfrau an der Ecke gegenüber davonstürzen und den Pfad hinunterrennen; es sah aus, wie wenn ein Faß dahinrollte.

Am nächsten Tag paßte Cathy auf, daß Coral im Haus blieb. Sie bereitete den Saft vor und nahm die Wäsche aus der Maschine, um sie zum Trocknen aufzuhängen. Sie wollte der Frau sagen, daß sie verstand, wie ärgerlich das Gebell des Hundes war; aber sie wollte sie auch bitten, nicht mit Steinen nach ihm zu werfen.

Sie sah die Frau als Punkt den Pfad herunterkommen. Während Cathy die Windeln aufhing, wuchs die Gestalt in der Ferne. Sie nahm den leeren Korb auf und ging ins Haus. Über dem Summen des Wasserkühlers hörte sie, wie Nadine aufwachte.

Sie eilte zum Zaun zurück, bevor die Frau ihn erreicht hatte und reichte ihr das Glas. Im Vorbeigehen winkte die Frau ab und lief weiter.

Cathy kehrte ins Haus zurück. Sie stand am gegenüberliegenden Fenster und hielt immer noch das Glas. Sie beobachtete den langsamen Gang der Frau, das leichte Wiegen von einem Fuß auf den andern, das Über-die-Stirn-Wischen während sie lief, den abgetragenen blauen Stoff ihres Kleides, der in der Sonne schimmerte.

Through the window, the sunrays darted with the sharpness of arrows. Cathy drew the curtains on the rising heat. She went into the kitchen. She poured the juice inside popsicle molds. She placed them in the freezer.

From the bedroom came the pitty-pat of stamping feet on the mattress pad.

"I'm coming," she said. "Mommy's coming."

Durch das Fenster drangen die Sonnenstrahlen mit der Schärfe von Pfeilen. Cathy zog die Vorhänge vor gegen die wachsende Hitze. Sie ging in die Küche und schüttete den Saft in den Eiswürfelbehälter. Sie stellte ihn in den Kühlschrank.

Aus dem Schlafzimmer drang das Getrappel von Füßen, die auf dem Matratzenpolster strampelten.

«Ich komme», sagte sie. «Mammy kommt schon.»

Jane P. Hatley
Till Human Voices Wake Us

Ever since I was five or six years old, I've had the idea that before I go to sleep at night I need to ask God to bless everyone I love, individually. I'm afraid that if I forget someone's name, something awful will happen to that person, and it will be my fault for forgetting because so often bad things happen to people you love right at the moment that you're not thinking about them. You may be having a good time, watching TV or laughing with a friend, and all of a sudden the phone rings with some terrible news, and it's your fault because you let down your guard. When Mr. Stenton died, I hadn't asked God to bless him the night before because I had fallen asleep in the middle of my list, and I wasn't even thinking about school or him or anything like that when the phone rang and it was Paula Whatsherface telling me he'd been drowned she thought but wasn't sure. I'd just been standing there in the kitchen eating a tomato and mayonnaise sandwich and not been thinking about him, and all the other moments I'd thought about him that day didn't count for anything next to that moment where I hadn't been thinking about him.

I didn't look in his coffin. I sat with my mother and watched all those eyes flooding up, eyes that never even noticed that the shoelace on his left shoe were more frayed than those on the right one or that there was a mole on the nuckle of his middle finger on his left hand.

His fingernails were always clean and filed, and he had the hairy, speaky hands of a cave-wall painter. He read to us, and when he read his eyes followed the print and then rose slowly up, looking just over the edge of the page at us.

Jane P. Hatley
Bis Menschenstimmen uns wecken

Schon seit meinem fünften oder sechsten Lebensjahr habe ich die Vorstellung, daß ich abends, wenn ich schlafen gehe, Gott bitten muß, jeden, den ich liebe, zu behüten, jeden einzelnen. Ich habe Angst, daß, wenn ich einen Namen vergesse, diesem Menschen etwas Schreckliches zustoßen wird, und daß es meine Schuld ist, weil ich ihn vergessen habe, denn so oft geschieht den Menschen, die du liebst, etwas Schlimmes gerade in dem Augenblick, in dem du nicht an sie denkst. Du hast es vielleicht gerade besonders gut, siehst fern oder lachst mit Freunden, und plötzlich klingelt das Telefon, und du bekommst eine schlechte Nachricht, und du bist schuld, weil du nicht wachsam warst. Am Abend bevor Mr. Stenton starb, hatte ich Gott nicht gebeten, ihn zu behüten, weil ich mitten in meiner Aufzählung eingeschlafen war, und ich dachte auch nicht an die Schule oder an ihn oder an etwas ähnliches, als das Telefon klingelte, und Paula Whatsherface mir sagte, sie glaube, er sei ertrunken, aber sie wisse es nicht genau. Ich war gerade in der Küche gestanden und hatte ein Tomatensandwich mit Mayonnaise gegessen und hatte nicht an ihn gedacht, und all die andern Augenblicke, in denen ich an diesem Tag an ihn gedacht hatte, zählten längst nicht so viel wie der eine, in dem ich nicht an ihn gedacht hatte.

Ich schaute nicht in seinen Sarg. Ich saß neben meiner Mutter und sah all diese Augen, aus denen Tränen liefen, Augen, die nie bemerkt hatten, daß der Schnürsenkel an seinem linken Schuh abgewetzter war als der am rechten, und daß an seiner linken Hand auf dem Knöchel des Mittelfingers ein Muttermal war.

Seine Fingernägel waren immer sauber und ordentlich gefeilt, und er hatte die haarigen, ausdrucksvollen Hände eines Höhlenmalers. Wenn er uns etwas vorlas, folgten seine Augen dem Gedruckten, schauten dann langsam auf und sahen uns gerade über den Rand des Blattes an.

I always smiled then. I spent my life smiling at him that year, smiling to make up for those faces of brick and wax that did not believe it is more blessed to give than to receive because they did not even know to receive what he was offering. But I was there, and the day we read "A Streetcar Named Desire" he let me be Blanche DuBois. I did not think he would see my hand, but he called on me and I walked up there in front of those people who did not know *I had it in me*, because they didn't know anything. And I saw the lantern and I told them all about my dead husband, the boy I married, "just a boy when I was a very young girl".

Mr. Stenton was only twelve when he first read "A Clean, Well-Lighted Place", and he said the wind outside his basement room in his parents' house – he always spoke lovingly of his parents – my mother liked that about him and she defended him at PTA meetings to parents who said he was corrupting us with things we shouldn't read – he said the night outside his room, a room filled for twelve years with his books, his pencil-shavings, his odors – was howling and crazy, and he ran upstairs to the kitchen and turned on all the lights – and we talked about death that day.

I suppose I'd like most to die a quick death, he said – one shot through the temple – that way I'd never know what was going on. Tom Hall said he liked what Shakespeare said about death by water, but Mr. Stenton said he couldn't think of a worse way to die because it would be so slow, the mind working the whole time, especially since nowadays you couldn't even have a sea change because someone would be bound to drag you out of the water and put you in a metal box before your body could turn to coral.

I told him in my journal that my grandfather

Ich lächelte dann immer. In diesem Jahr verbrachte ich meine Tage damit, ihm zuzulächeln; ich lächelte als Wiedergutmachung für all die Gesichter aus Stein und Wachs, die nicht glaubten, daß es seliger ist zu geben, denn zu nehmen, weil sie nicht einmal zu nehmen wußten, was er uns anbot. Aber ich war da, und als wir «Endstation Sehnsucht» lasen, ließ er mich Blanche DuBois sein. Ich hatte nicht gedacht, daß er meine Hand sehen würde, aber er rief mich auf, und ich stellte mich vor diese Leute, die nicht wußten, daß es *in mir* war, weil sie gar nichts wußten. Und ich sah die Laterne und erzählte ihnen von meinem toten Mann, dem Jungen, den ich geheiratet hatte, «ja ein Knabe, und ich war ein sehr junges Mädchen».

Mr. Stenton war gerade zwölf, als er zum ersten Mal «Ein sauberes, hell erleuchtetes Café» las, und er sagte, der Wind draußen vor dem Kellerzimmer im Haus seiner Eltern – er sprach immer sehr liebevoll von seinen Eltern – meiner Mutter gefiel das an ihm, und sie nahm ihn bei Elternabenden immer in Schutz vor Eltern, die sagten, er verderbe uns mit Sachen, die wir nicht lesen sollten – er sagte, diese Nacht draußen vor seinem Zimmer, einem Zimmer, in zwölf Jahren angefüllt mit seinen Büchern, seinen Bleistiftspänen, seinem Geruch sei verrückt und fürchterlich gewesen, und er war nach oben in die Küche gerannt und hatte alle Lichter angedreht – und an diesem Tag sprachen wir über den Tod.

Ich denke, am liebsten würde ich einen schnellen Tod sterben, sagte er – einen Schuß in die Schläfe – so wüßte ich wenigstens nicht, was da geschieht. Tom Hall sagte, ihm gefiele, was Shakespeare über den Tod durch Ertrinken geschrieben habe, aber Mr. Stenton sagte, er könne sich keine schlimmere Art zu sterben vorstellen, weil es so langsam gehe, und der Verstand dabei die ganze Zeit arbeite; und besonders heute, wo du nicht einmal im Wasser bleiben dürftest und irgend jemand dich rausholen und in eine Metallkiste legen würde, bevor dein Körper zu Koralle werden könnte.

In meinem Tagebuch erzählte ich ihm, daß sich mein

had had himself buried in a pine box, so he could get back to mud and minerals as soon as possible.

I never showed my journal to anyone else but him – not even my mother. She begged me to let her read it, but I cried so she let me alone, and I hid it in my drawer under my winter pyjamas, left of my old garter belts. She never looked there because she expected it in places like under my pillow.

Every afternoon I wrote to him in my journal. I wrote a play for him once about the train we were on one summer that crashed and hit a car with a mother and two little boys. The boys lived, but the mother's head was cut off. My father had to go out there and cover her headless body with his raincoat, and her blood got all over the silk lining of his coat. He sent it to the drycleaner's and they said the stains came out, so my father wears the coat sometimes. But I walk from him and do not look because the rain might soak through the lining.

He read my play to the class, and I heard the words and lost a layer of skin. I shed my skin listening to him and walked out of the room, burning fire, breathing light. Sometimes at night I see him reading my play, smiling at me, and I turn in my bed and cannot sleep.

I left the yearbook on his desk, but I did not go in to talk to him. I stood outside the office door and read little bits of the poster over his desk as I walked back and forth: "War is . . . not healthy. . ." and I heard bits of his conversation, too, sounding the way words used to sound when I cupped my hands over my ears and moved them out and back in, catching waves of my parents' voices, breaking down into undulating sounds. Once I stopped right in front of his door and finished
44 reading the poster: "and other living things". He
45 waved to me, still talking into the phone. I waved

Großvater in einem Kiefernsarg hatte begraben lassen, um so schnell wie möglich wieder zu Erde und Stein zu werden.

Mein Tagebuch zeigte ich niemandem außer ihm – nicht einmal meiner Mutter. Sie bat mich, sie es lesen zu lassen, aber ich heulte, so daß sie mich in Ruhe ließ, und ich versteckte es in einer Schublade unter meinen Winterschlafanzügen, links von meinen alten Strumpfhaltern. Dort schaute sie nie nach, da sie es an Stellen wie unter meinem Kopfkissen vermutete.

Jeden Nachmittag schrieb ich für ihn in mein Tagebuch. Einmal schrieb ich für ihn ein Stück darüber, wie wir eines Sommers in einem Zug fuhren, der mit einem Auto zusammenstieß, in dem eine Mutter und zwei kleine Jungen saßen. Die Jungen blieben am Leben, aber der Mutter war der Kopf abgerissen worden. Mein Vater mußte hinausgehen und den enthaupteten Körper mit seinem Regenmantel bedecken, und das ganze Seidenfutter seines Mantels war voll Blut. Er brachte ihn zur Reinigung, und sie sagten, die Flecken seien rausgegangen, und so trägt mein Vater den Mantel manchmal. Aber ich laufe dann nicht neben ihm und schaue nicht hin, denn der Regen könnte das Futter durchweichen.

Er las der Klasse mein Stück vor, und ich hörte die Worte und verlor eine Schicht meiner Haut, die ich mir herunterkratzte, während ich ihm zuhörte, und ich ging aus dem Raum, brennendes Feuer, ruhiges Licht. Manchmal sehe ich ihn nachts, wie er mein Stück liest und mir zulächelt, und dann wälze ich mich im Bett und kann nicht schlafen.

Ich ließ das Jahrbuch auf seinem Schreibtisch liegen, aber ich ging nicht hinein, um mit ihm zu reden. Ich stand vor der Tür seines Büros und las Bruchstücke des Plakats über seinem Schreibtisch, während ich auf und ab ging: «Krieg ist ... nicht gesund...», und ich hörte auch Bruchstücke des Gesprächs, es hörte sich an, wie Wörter sich anhörten, wenn ich die Hände auf die Ohren hielt und abwechselnd zudrückte und losließ und dabei die Stimmen meiner Eltern wie Wogen hörte, Wogen von Tönen. Einmal blieb ich unmittelbar vor der Tür stehen und las das Plakat zu Ende: «und andere lebendige Dinge». Er winkte mir zu, immer

back and then ran down the hall, even though there were still twenty minutes before the bus would come, and ran to the bus stop, saying, *It doesn't matter. He knows already.*

I picked up the yearbook between classes on the last day of school, but he wasn't in his office. I didn't know that he thought I was a "sensitive and vulnerable little creature" till then, so I was embarrassed and could not talk to him that day. I knew I would see him again.

But he got taken in by those who say, Oh yes, we know exactly what you mean. He asked six of them down for a weekend at his cabin on the river – my mother said he always did think his students were older than they were – and Carol, who didn't like the "Zoo Story" went swimming too near the dam, and, fool that he was, he forgot everything and jumped in, too. Paula Martin called me up and said she'd heard the "ugly rumor" and was it true? and I screamed and dropped the receiver, but I did not scream in grief. I refuse to mourn stupid deaths, and I will not mourn his.

I did go to the funeral, but I made my face marble – no water came out of my eyes – and I refused to offer Carol penance when she collapsed, begging the congregation to forgive her.

I could not look in his coffin.

My mother drove me out to see his grave last week, and she let me take her sprinkler bottle for ironing, filled with water to water the grass on his grave. I put salt in the water, but I did not tell her. My father says that seawater sometimes breaks down even the metal hulks of ships after years and years.

noch telefonierte er. Ich winkte zurück, dann rannte ich den Flur entlang, obwohl der Bus erst in zwanzig Minuten kommen würde, ich rannte zur Haltestelle und sagte, *Es macht nichts. Er weiß es bereits.*

Ich holte mir das Jahrbuch zwischen den Kursen am letzten Schultag, aber er war nicht in seinem Büro. Bis dahin hatte ich nicht gewußt, daß er mich für ein «empfindsames, verletzliches kleines Wesen» hielt, und ich war verwirrt und konnte an diesem Tag nicht mit ihm reden. Ich wußte, daß ich ihn wieder sehen würde.

Aber er war ganz eingenommen von denen, die sagen, O ja, wir wissen genau, was Sie meinen. Sechs von ihnen lud er ein zu einem Wochenende in seiner Hütte am Fluß – meine Mutter sagte, er halte seine Schüler immer für älter als sie waren – und Carol, die die «Zoogeschichte» nicht mochte, schwamm zu nahe an das Stauwehr, und er, Narr, der er war, vergaß alles und sprang hinterher. Paula Martin rief mich an und sagte, sie habe das «häßliche Gerücht» gehört, und ob es wahr sei, und ich heulte und ließ den Hörer fallen, aber ich heulte nicht vor Kummer. Ich lehne es ab, einen sinnlosen Tod zu betrauern, und seinen werde ich nicht betrauern.

Ich ging zum Begräbnis, aber ich ließ mein Gesicht zu Stein werden – keine Träne verließ meine Augen – und ich lehnte es ab, Carol zu trösten, als sie zusammenbrach und die Versammelten um Verzeihung bat.

Ich konnte nicht in seinen Sarg schauen.

Letzte Woche fuhr mich meine Mutter hinaus zu seinem Grab und ließ mich ihre Sprühflasche zum Bügeln mit Wasser gefüllt mitnehmen, um das Gras auf seinem Grab zu besprühen. Ich tat Salz ins Wasser, erzählte es ihr aber nicht. Mein Vater sagt, daß Meerwasser manchmal, nach vielen, vielen Jahren, sogar die Metallrümpfe von Schiffen aufbricht.

Greg Johnson
Crazy Ladies

Every Southern town had one, and ours was no exception. One year, my sister and I had an after-school routine that included watching the Mouse-keteers on TV, holding court in the neighborhood treehouse we'd built, along with several other kids, in a vacant lot down the street, and finally, as dusk began and we knew our mother would soon be calling us to supper, visiting the big ramshackle house where the crazy lady lived. Often she'd be eating her own supper of tuna fish and bean salad, sitting silently across from her bachelor son, John Ray, who was about the same age as our parents. Becky would slither along through the hydrangea bushes, then scrunch down so I could stand on her shoulders and get my eyes and forehead – just barely – over the sill of the Longworths' dining room window. After a few minutes I'd get down and serve as a footstool for Becky. More often than not we dissolved into a laughter so uncontrol-lable that we had to race back through the bushes, snapping branches as we went, and then dart around the corner of the house to avoid being caught by John Ray, who sometimes heard us and would jump up from the table, then come fuming out the back door. He never did catch us, and to my knowledge was never quick enough even to discover who we were. Naturally his mother didn't know, and didn't care. But there came a time – that summer after-noon, the year Becky was thirteen and I was elev-en – when the crazy lady took her obscene revenge.

For me, that entire summer was puzzling. Our father, the town druggist, had begun keeping un-usual hours. We could no longer count on his kind-ly, slump-shouldered presence at the dinner table,

Greg Johnson
Verrückte Damen

In jeder Stadt im Süden gab es eine, und unsere war keine Ausnahme. Einmal hatten meine Schwester und ich ein Jahr lang ein Nach-der-Schule-Programm, das so aussah: Wir sahen die «Mausketiere» im Fernsehen, hielten Hof im Nachbarschafts-Baumhaus, das wir mit mehreren anderen Kindern auf einem freien Bauplatz am Ende der Straße gebaut hatten, und besuchten schließlich, wenn es dämmerte, und wir wußten, daß unsere Mutter uns bald zum Abendessen rufen würde, das große baufällige Haus, wo die verrückte Dame wohnte. Oft aß sie gerade selbst ihr Abendbrot, Thunfisch und Bohnensalat, und saß schweigend ihrem unverheirateten Sohn John Ray gegenüber, der ungefähr so alt war wie unsere Eltern. Becky schlängelte sich immer durch die Rhododendren, kauerte sich nieder, so daß ich mich auf ihre Schultern stellen konnte, und meine Augen und Stirn – gerade eben – über den Sims am Eßzimmerfenster der Longworths reichten.

Nach ein paar Minuten ging ich runter und diente Becky als Fußschemel. Meistens brachen wir in so unbeherrschtes Lachen aus, daß wir durch die Büsche zurückrennen mußten und dabei Zweige abbrachen und um die Hausecke stürmten, damit wir nicht von John Ray erwischt wurden, der uns manchmal hörte, vom Tisch aufsprang und aus der Hintertür gestürzt kam. Er erwischte uns nie und war, soweit ich weiß, nie schnell genug, um auch nur zu entdecken, wer wir waren. Natürlich wußte seine Mutter das nicht, und es war ihr gleichgültig. Aber es kam die Zeit – an einem Sommernachmittag in dem Jahr, als Betty dreizehn wurde und ich elf – als die verrückte Dame schlimme Rache nahm.

Für mich war dieser ganze Sommer verwirrend. Unser Vater, der Apotheker der Stadt, gewöhnte sich eine unregelmäßige Zeiteinteilung an. Wir konnten nicht mehr mit seiner freundlichen, hängeschultrigen Anwesenheit am

and when he did join us there was a crackling energy in him, a playfulness toward Becky and me that he'd never shown when we were younger. And while our father, a balding and slightly overweight man in his forties, had taken on this sudden, nervous gaiety, our mother underwent an alarming change of her own. Her normally delicate features, framed by fine, wavy auburn hair, had paled to the point of haggardness. There was a new brusqueness in her manner – she scrubbed the house with a grim ferocity, she made loud clattering noises when she worked in the kitchen – and also a certain inattention toward her children, a tendency to focus elsewhere when she talked to us, or to fall into sudden reveries. This bothered me more than it did Becky, for it seemed that even she was changing. In the fall she'd be starting junior high, and she'd begun calling me "Little Brother" (with a slight wrinkling of her nose) and spending long hours alone in her bedroom. All through childhood we'd been inseparable, and Becky had always been called a tomboy by the neighborhood kids, even by our parents; but now she'd started curling her hair and painting her stubby nails, gingerly paging through movie magazines while they dried. What was wrong with everyone? I wanted to ask – but when you're eleven, of course, you can't translate your puzzlement into words. For a long while I stayed bewildered, feeling that the others had received a new set of instructions on how to live, but had forgotten to pass them along to me.

One humid afternoon in August, the telephone rang; from the living room, we could hear our mother snatch up the kitchen extension.

"What?" she said loudly, irritated. "Slow down, Mother, I can't make out –"

50 At that point she called to us to turn down the
51 TV; from my place on the floor I reached quickly

Mittagstisch rechnen, und wenn er sich zu uns gesellte, war eine knisternde Tatkraft in ihm, ein Übermut Becky und mir gegenüber, den er nie gezeigt hatte, als wir jünger waren. Und während unser Vater, ein kahlköpfiger, leicht übergewichtiger Mann in den Vierzigern, in diese plötzliche, nervöse Fröhlichkeit verfallen war, machte unsere Mutter eine eigene, beunruhigende Veränderung durch. Ihre an sich zarten Gesichtszüge, umrahmt von schönem, welligem, kastanienbraunem Haar, waren blaß und hager geworden. Sie benahm sich ungewohnt schroff – sie scheuerte das Haus mit grimmiger Wut, sie machte laute, klappernde Geräusche, wenn sie in der Küche arbeitete – und war irgendwie unaufmerksam ihren Kindern gegenüber, sie fing an, woanders hin zu starren, wenn sie mit uns sprach, oder in plötzliche Träumereien zu versinken. Das beunruhigte mich mehr als Becky, denn sogar die schien sich zu verändern. Im Herbst würde sie zur Junior High School gehen, und sie hatte begonnen, mich «Brüderchen» zu nennen (mit einem leichten Naserümpfen) und blieb stundenlang allein in ihrem Zimmer. Während unserer ganzen Kindheit waren wir unzertrennlich gewesen, und die Nachbarskinder und sogar unsere Eltern hatten Becky immer einen Wildfang genannt; und nun fing sie an, ihre Haare aufzurollen, ihre kurzen Fingernägel zu lackieren und vorsichtig in Filmzeitschriften zu blättern, während sie trockneten. Was war mit allen los? Ich wollte fragen – aber wenn man elf ist, kann man seine Verwirrung natürlich nicht in Worte fassen. Eine Zeitlang blieb ich verwirrt und kam mir vor, als hätten die andern neue Anweisungen bekommen, wie sie leben sollten und hätten vergessen, sie an mich weiterzugeben.

An einem feuchtheißen Nachmittag im August klingelte das Telefon; im Wohnzimmer hörten wir, daß Mutter zu dem Apparat in der Küche ging.

«Was?» sagte sie laut und aufgeregt. «Langsam, Mutter, ich kann nicht verstehen –»

Sie rief uns zu, wir sollten den Fernseher leise drehen; von meinem Platz auf dem Boden griff ich hoch und schal-

and switched the volume completely off, earning a little groan from Becky. She sat crosslegged on the couch with a towel wrapped tightly around her head, like a turban. We'd been watching *American Bandstand.*

"You turn it up," I said, with the same defiant smirk she'd begun using on me.

"Hush," Becky whispered, leaning forward. "I think something's wrong with Grandma."

We sat quietly, listening. Our mother's voice had become shrill, incredulous.

"When did you let her in?" she cried. "You know she's not supposed to –"

A long silence. Whenever our mother was interrupted, Becky and I exchanged a puzzled look.

"Listen, just call John Ray down at the bank. The operator, Mother – she'll give you the number. Oh, I know you're nervous, but – Yes, you can if you try. Call John Ray, then go back in the living room and be nice to her. Give her something to eat. Or some coffee."

Silently, Becky mouthed the words to me: *the crazy lady.*

I nodded, straining to hear our mother's voice. She sounded weary.

"All right, I'll call Bert," she said, sighing. "We'll get there as soon as we can."

When she stopped talking, Becky and I raced into the kitchen.

"What is it, Mama?" Becky asked, excited. "Is it –"

"It's Mrs. Longworth," Mother said. Absent-mindedly, she fiddled with my shirt collar, then looked over at Becky. "She's gotten out of the house again, and somehow ended up in your grand-mother's living room." Briefly, she laughed. She shook her head. "Anyway, I've got to call your father. We'll meet him over there."

But what had the crazy lady done? we asked.

tete den Ton ganz ab, was mir ein leichtes Murren von Becky eintrug. Sie saß mit gekreuzten Beinen auf der Couch, ein Handtuch wie einen Turban fest um den Kopf gewickelt. Wir hatten gerade «Amerikas Showbühne» gesehen.

«Dreh du es lauter», sagte ich mit dem gleichen herausfordernden Grinsen, das sie mir gegenüber neuerdings benutzte.

«Still», flüsterte Becky und beugte sich vor. «Ich glaube, es ist etwas mit Oma.»

Wir saßen still da und horchten. Mutters Stimme klang schrill und ungläubig.

«Warum hast du sie hereingelassen?» rief sie. «Du weißt, sie soll nicht –»

Langes Schweigen. Immer wenn Mutter unterbrochen wurde, tauschten Becky und ich ratlose Blicke.

«Hör zu, jetzt ruf einfach John Ray an, in der Bank. Die Auskunft, Mutter – die geben dir die Nummer. Oh, ich weiß, du bist nervös, aber – Doch, das kannst du schon wenn du es versuchst. Ruf John Ray an, dann geh wieder ins Wohnzimmer und sei nett zu ihr. Gib ihr etwas zu essen. Oder Kaffee.»

Lautlos machte Becky mit dem Mund die Worte: Die verrückte Dame.

Ich nickte und bemühte mich, Mutters Stimme zu hören. Sie klang müde.

«Gut, ich rufe Bert an», sagte sie und seufzte. «Wir kommen, sobald wir können.»

Als sie aufhörte zu reden, rannten Becky und ich in die Küche.

«Was ist los, Mama?» fragte Becky aufgeregt. «Ist es –»

«Es geht um Mrs. Longworth», sagte Mutter. Geistesabwesend strich sie über meinen Hemdkragen, dann sah sie zu Becky hinüber. «Sie ist wieder aus dem Haus entkommen und irgendwie in Großmutters Wohnzimmer gelandet.» Sie lachte auf. Sie schüttelte den Kopf. «Auf jeden Fall muß ich den Vater anrufen. Wir werden ihn dann drüben treffen.»

Aber was hatte die verrückte Dame getan? fragten wir.

Why was Grandma so frightened? Why were we all going over there? Mother ignored our questions. Calmly she dialed the pharmacy, setting her jaw as though preparing to do something distasteful.

Within five minutes we were in the car, making the two-mile drive to Grandma Howell's. Dad was already there when we arrived, but he hadn't gone inside.

"Well, what's going on?" Mother asked him. She sounded angry, as if Dad were to blame for all this.

He looked sheepish, apprehensive. He always perspired heavily, and I noticed the film covering his balding forehead, the large damp circles at his armpits. He wore the pale blue regulation shirt, with *Denson Pharmacy – Bert Denson, Mgr.* stitched above the pocket, but he'd removed his little black bow tie and opened his collar.

"I just got here," Dad said helplessly. "I was waiting for you."

Mother made a little *tsk*ing noise, then turned in her precise, determined way and climbed the small grassy hill up to Grandma's porch. Dad followed, looking depressed, and Becky and I scampered alongside, performing our typical duet of questions. *Do you know what's wrong?* Becky asked him. *Why did you wait for us?* I asked. *Is Mother mad at you?* Becky asked. *Are you scared of the crazy lady?* I asked. *Scared to go inside?*

I asked this, of course, because *I* was scared.

Dad only had time to say, uneasily, that Grandma's St. Augustine was getting high again, and I'd have to mow it next Saturday. It was just his way of stalling; he'd begun evading a lot of our questions lately.

The front door was already open, and as we mounted the porch steps I could see Grandma Howell's dim outline from just inside the screen. Then the screen opened and I heard her say, vaguely,

Warum hatte Oma solche Angst? Warum sollten wir alle hinkommen? Mutter beachtete unsere Fragen nicht. Ruhig wählte sie die Nummer der Apotheke und verzog den Mund, als ob sie etwas Ekelhaftes tun wolle.

In weniger als fünf Minuten waren wir im Auto, und dann fuhren wir die zwei Meilen bis zu Oma Howell. Daddy war schon da, als wir ankamen, aber er war nicht hinein gegangen.

«Na, was ist los?» fragte Mutter ihn. Sie hörte sich zornig an, so als wäre Daddy an allem schuld.

Er sah einfältig und besorgt aus. Er schwitzte immer stark, und ich sah den Schweißfilm auf seiner kahlen Stirn und die großen, feuchten Kreise unter den Achseln. Er trug das hellblaue Arbeitshemd, auf dessen Tasche *Denson Apotheke – Inhaber Bert Denson* gestickt war, aber er hatte die schwarze Fliege abgenommen und den Kragen aufgeknöpft.

«Ich bin gerade gekommen», sagte Daddy hilflos. «Ich habe auf euch gewartet.»

Mutter gab einen Laut der Ungläubigkeit von sich, drehte sich in ihrer genauen, bestimmten Art um und stieg den kleinen, grasbewachsenen Hügel zu Omas Veranda hoch. Daddy, der niedergeschlagen aussah, folgte, und Becky und ich schlenderten nebenher und führten unser übliches Frageduett auf. Weißt du, was los ist? fragte Becky ihn. Warum hast du auf uns gewartet? fragte ich. Ist Mutter böse auf dich? fragte Becky. Hast du Angst vor der verrückten Dame? fragte ich. Angst hineinzugehen?

Ich fragte das natürlich, weil ich Angst hatte.

Daddy sagte nur ganz kurz und angestrengt, daß Omas Kapuzinerkresse wieder zu hoch sei und ich sie nächsten Samstag mähen müsse. Das war typisch seine Art auszuweichen; er ging in letzter Zeit vielen Fragen von uns aus dem Weg.

Die Haustür stand schon offen, und als wir die Verandastufen hinaufstiegen, konnte ich Oma Howells dunklen Schatten hinter dem Fliegengitter sehen. Dann öffnete sich das Gitter, und ich hörte sie undeutlich sagen: «Ach, es

"Why, it's Kathy and Bert, and the kids . . ." From inside the room I heard a high, twittering sound, like the cries of a bird.

In the summertime Grandma Howell kept all the shades drawn in her living room; she had an attic fan, and the room was always wonderfully cool. It was furnished modestly, decorated with colorful doilies Grandma knitted for the backs of chairs and the sofa, and with dozens of little knick-knacks – gifts from her grandchildren, mostly – set along the mantel of the small fireplace and cluttering the little, spindly-leg tables, and with several uninspired, studiously executed paintings (stillifes, mostly) done by my grandfather, who had died several years before I was born. A typical grandmother's house, I suppose, and through the years it had represented to us kids a sanctuary, a place of quiet wonder and privilege, where we were fed ginger cookies and Kool-Aid, and where Grandma regaled us with stories of her childhood down in Mobile, where her family had been among the most prominent citizens, or of her courtship by that rapscallion, Jacob Howel, who'd brought her northward (that is, to our town – which skirted the northern edge of Alabama) and kept her there. Grandma liked to roll her china-blue eyes, picturing herself as a victim of kidnapping or worse; through the years she refined and elaborated her act to rouse both herself and us to helpless laughter, ending the story by insisting tongue-in-cheek that she'd met, and adjusted to, a fate worse than death. (Grandfather Howell was a postal clerk, later the postmaster, and by all accounts a gentle, kind, rather whimsical figure in the town; it was always clear that Grandma had adored him.) Now, at sixty-one, she looked twenty years younger, the blue eyes still clear as dawn, her figure neat, trim, and erect, her only grandmotherly affectation being the silvery

sind Kathy und Bert und die Kinder...». Von drinnen hörte ich einen hohen, zwitschernden Laut, wie der Ruf eines Vogels.

Im Sommer hielt Oma Howell alle Läden im Wohnzimmer geschlossen; sie hatte einen Deckenventilator, und der Raum war immer wunderbar kühl. Er war bescheiden möbliert, geschmückt mit bunten Deckchen, die Oma für die Lehnen von Stühlen und Sofa strickte, mit dutzendweise Schnickschnack – meist Geschenke von ihren Enkeln –, der auf dem Sims des kleinen Kamins aufgestellt war und auf den kleinen Tischen mit gedrehten Beinen herumlag, und mit mehreren phantasielosen, sorgfältig ausgeführten Gemälden (meist Stilleben) meines Großvaters, der einige Jahre vor meiner Geburt gestorben war. Ein vorbildliches Großmutterhaus, nehme ich an, und Jahre hindurch bedeutete es für uns Kinder eine Zuflucht, ein Ort stillen Staunens und der besonderen Rechte, wo wir Ingwerplätzchen und Brause bekamen, und wo Oma uns mit Geschichten aus ihrer Kindheit in Mobile erfreute, wo ihre Familie zu den angesehensten Bürgern gehört hatte, oder von der Werbung dieses Schurken Jacob Howell, der sie nach Norden gebracht (das heißt in unsere Stadt am Nordrand Alabamas) und sie hierbehalten hatte.

Oma rollte gern ihre porzellanblauen Augen, während sie sich als Opfer einer Entführung oder Schlimmerem darstellte; während der Jahre verfeinerte sie ihre Darbietung und schmückte sie so aus, daß sie und wir in hemmungsloses Gelächter ausbrachen und endete, indem sie ernsthaft behauptete, sie habe ein Schicksal, schlimmer als der Tod, erfahren und sich ihm untergeordnet. (Großvater Howell war Postbeamter, später Postdirektor und auf jeden Fall eine gütige, freundliche, ziemlich wunderliche Persönlichkeit in der Stadt; es war immer erkennbar, daß Oma ihn geliebt hatte.) Jetzt, mit einundsechzig, sah sie zwanzig Jahre jünger aus, die blauen Augen noch immer so klar wie der Tagesanbruch, ihre Gestalt zierlich, hübsch und aufrecht, und das einzige großmütterliche Merkmal war das bläulich silberne Haar, das sie in einem kleinen, ordentlichen

blue hair she wore in a small and tidy bun. On that day I decided she'd always seemed brave, too, even valorous in her quiet, bustling self-sufficiency, for that afternoon I saw in her eyes for the first time a look of unmitigated fear.

"Yes, come in, come in," she said, still in that vague, airy way, obviously trying to pretend that our visit was a surprise. Then she turned back to the room's dim interior – her head moving stiffly, I thought, as if her neck ached – and said in a polite, tense, hostessy voice: "Why look, Mrs. Longworth, it's my daughter and her family. We were just talking about them."

Grandma Howell nodded, as though agreeing with herself, or encouraging Mrs. Longworth's agreement. The twittering birdlike sound came again.

By now we were all inside, standing awkwardly near the screen. Slowly, our eyes adjusted. On the opposite side of the room, and in the far corner of Grandma's dainty, pale blue sofa, sat Mrs. Longworth: a tiny, white-haired woman in a pink dress, a brilliant green shawl, and soiled white sneakers, one of whose laces had come untied. The five of us stared, not feeling our rudeness, I suppose, because for the moment Mrs. Longworth seemed unaware of our presence. She kept brushing wispy strands of the bone-white hair from her forehead, though it immediately fell back again; and she would pat her knees briskly with open palms, as if coaxing some invisible child to her lap. It was the first time I had encountered the crazy lady up close, and my wide-eyed scrutiny confirmed certain rumors that had circulated in the town for years – that she wore boys' sneakers, for instance, along with white athletic socks; that her tongue often protruded from her mouth, like a communicant's (as it did now, quivering with a sort of nervous expectancy); and that, most distasteful of all, the woman was unbe-

Knoten trug. An diesem Tag machte ich mir klar, daß sie immer nur den Anschein erweckt hatte, sie wäre tapfer oder sogar mutig in ihrer stillen, geschäftigen Selbstgenügsamkeit, denn an diesem Tag sah ich in ihren Augen zum ersten Mal große Angst.

«Ja, kommt herein, kommt herein», sagte sie noch immer in dieser zerstreuten und unbestimmten Art und tat offensichtlich so, als sei unser Besuch eine Überraschung. Dann ging sie zurück in das düstere Innere des Zimmers – ihren Kopf bewegte sie angespannt fand ich, als schmerze sie der Nacken – und sagte mit höflicher, fester, gastfreundlicher Stimme: «Sehen Sie nur, Mrs. Longworth, da ist meine Tochter und ihre Familie. Wir haben gerade von ihnen gesprochen.»

Oma Howell nickte, als wolle sie sich selbst bestätigen oder Mrs. Longworths Bestätigung nachhelfen. Man hörte wieder den zwitschernden, vogelähnlichen Laut.

Nun waren wir alle im Haus und standen linkisch an der getäfelten Wand. Langsam gewöhnten sich unsere Augen um. Auf der andern Seite des Zimmers, in der hinteren Ecke von Omas zierlichem, hellblauem Sofa saß Mrs. Longworth: eine dünne, weißhaarige Frau in einem rosa Kleid, einem glänzend grünen Tuch und schmutzigen, weißen Schnürschuhen, an denen ein Schuhband offen war. Wir fünf starrten sie an, und ich glaube, wir empfanden unsere Unhöflichkeit nicht, weil Mrs. Longworth unsere Anwesenheit im Augenblick nicht bewußt zu sein schien. Sie strich immer wieder verklebte Strähnen ihres schlohweißen Haares aus der Stirn, obwohl es gleich wieder zurückfiel, und sie klopfte sich mit den offenen Handflächen lebhaft auf die Knie, als locke sie ein unsichtbares Kind auf ihren Schoß. Es war das erste Mal, daß ich so nah mit der verrückten Dame zusammentraf, und meine großäugige Prüfung bestätigte gewisse Gerüchte, die jahrelang in der Stadt umgegangen waren – daß sie zum Beispiel Männerschuhe trug, mit weißen Sportsocken; daß ihre Zunge oft aus dem Mund heraustrat, wie bei jemandem, der das Abendmahl bekam, wie auch jetzt, sie zitterte in einer Art nervöser Erwartung;

lievably dirty. Even from across the dimmed room I detected a rank, animal odor, and there was a dark smear – it looked like grease – along one of her fragile cheekbones. The palms and even the backs of her hands were filthy, the tiny nails crusted with grime. Like me, the rest of my family had been stunned into silence at the very sight of her; it was only when her tongue popped back inside her mouth, and she cocked her head to begin that eerie, high-pitched trilling once again, that my mother jerked awake and abruptly stepped forward.

"Mrs. Longworth?" she said loudly, trying to compete with the woman's shrill birdsong. "We haven't met before, but I'm –"

She gave it up. Mrs. Longworth's head moved delicately as she trilled, cocking from side to side as if adjudging the intricate nuances of her melody – which was no melody at all, of course, but only a high, sweet, patternless frenzy of singing. (For it was clear that Mrs. Longworth thought she was singing; her face and eyes, which she still had not turned to us, had the vapid, self-satisfied look of the amateur performer.) She would stop when she was ready to stop. My mother stepped back, then drew Grandma closer. They began a whispered conference.

"How did she get in?" my mother said hoarsely. "Why did you –"

"It happened so fast," Grandma interrupted. Her face had puckered, in an uncharacteristic look of chagrin. "I was outside, watering the shrubs, and suddenly there she was, standing in the grass. Right away I knew who she was, but she looked so – so frail and helpless, just standing there. Then she asked for a glass of iced tea. She asked in a real sweet way, and it was so hot out, and she didnt *act* crazy. But once we got inside . . ."

60 Grandma's voice trailed away. I saw that her
61 hands were shaking.

und daß, was am ekelhaftesten war, die Frau unglaublich schmutzig war. Sogar durch den ganzen dämmrigen Raum entdeckte ich einen ranzigen, tierischen Geruch, und an ihren Wangenknochen waren dunkle Flecken – sie sahen aus wie Schmiere. Die Handflächen und -rücken waren verdreckt und die winzigen Nägel schmutzverkrustet. Genauso wie ich schwieg der Rest der Familie bei ihrem Anblick; erst als ihre Zunge wieder in den Mund zurückfuhr, und sie den Kopf reckte, um wieder mit dem beängstigenden hohen Trillern anzufangen, wachte meine Mutter auf und trat plötzlich vor.

«Mrs. Longworth?» sagte sie laut und versuchte, sich mit den schrillen Vogellauten zu messen. «Wir kennen uns noch nicht, aber ich bin –»

Sie gab es auf. Mrs. Longworths Kopf bewegte sich leicht, während sie trillerte, und reckte sich von links nach rechts, als entscheide er über die schwierigen Nuancen ihrer Melodie – die natürlich überhaupt keine Melodie war, nur ein hoher, süßer, unzusammenhängend verrückter Gesang. (Denn es war offensichtlich, daß Mrs. Longworth dachte, sie sänge; ihr Gesicht und die Augen, noch immer nicht auf uns gerichtet, hatten den schalen, selbstzufriedenen Blick des Laienschauspielers.) Sie würde erst aufhören, wenn sie Lust hatte aufzuhören. Meine Mutter trat zurück und zog Oma näher heran. Sie beratschlagten flüsternd.

«Wie kam sie herein?» fragte meine Mutter heiser. «Warum hast du –»

«Es ist alles so schnell gegangen», unterbrach Oma. Ihr Gesicht hatte Falten und sah ganz ungewohnt verdrossen aus. «Ich war gerade draußen und goß die Sträucher, und plötzlich war sie da und stand im Gras. Ich wußte gleich, wer sie ist, aber sie sah so – so zerbrechlich und hilflos aus, wie sie da stand. Dann bat sie um ein Glas Eistee. Sie bat auf so eine liebe Art und Weise, und es war so heiß draußen, und sie *benahm* sich nicht verrückt. Aber sobald wir drin waren . . .»

Omas Stimme verlor sich. Ich sah, wie ihre Hände zitterten.

"You *know* what happened the last time she got loose," Mother said. She was almost hissing. "Wandered down to the courthouse and started screeching all kinds of things, crazy things, and then started taking off her clothes! In broad daylight! It took four men to restrain her before John Ray finally got there."

Becky whispered, excitedly, "But doesn't he keep her locked up? At school the girls all say –"

"Yes, yes," Mother said impatiently, with a little shushing motion of her hand. "But she manages to get out, somehow. I've never understood why John Ray can't hire someone to stay with her in the daytime, or else have her committed. My Lord," she said, whirling back upon Grandma, "just imagine what could have happened. People like her can get violent, you know."

"Ssh. Kathy, please," Grandma said anxiously. She glanced back at the crazy lady, who had continued trilling to herself, though more softly now. "She isn't like that, really. I don't think she'd hurt anyone. In fact, if you'd heard what she told me –"

"Mother, the woman's crazy!" my mother whispered, hard put to keep her voice down. "You can't pay any attention to what she says."

"What was it?" Becky asked, and though I was afraid to say anything, I seconded her question by vigorously nodding my head.

"Hush up," Mother said, giving a light, warning slap to Becky's shoulder blade, "or I'll send you both outside."

Now my father spoke up. "Listen, Kathy," he said, "we ought to just call John Ray down at the bank. He'll come get her, and that'll be that."

"I've a mind to call the police," Mother said, and I looked at her curiously. She had sounded hurt.

"She hasn't done anything," Dad said gently. "And anyway, it's none of our business."

«Du *weißt,* was das letzte Mal geschehen ist, als sie weggelaufen war», sagte Mutter. Sie zischte geradezu. «Sie lief zum Gericht und schrie alles Mögliche, lauter verrücktes Zeug, und begann dann sich auszuziehen! Am hellichten Tag! Vier Männer waren nötig, um sie zurückzuhalten, bevor John Ray endlich hinkam.»

Becky flüsterte aufgeregt: «Aber schließt er sie nicht ein? In der Schule sagen alle Mädchen –»

«Ja, ja», sagte Mutter ungeduldig mit einer kleinen, abwehrenden Handbewegung. «Aber irgendwie gelingt es ihr herauszukommen. Ich verstehe nicht, wieso John Ray nicht jemanden bezahlt, der tagsüber bei ihr bleibt, oder sie in eine Anstalt bringen läßt. Mein Gott», sagte sie und drehte sich zu Oma um, «stell dir nur vor, was hätte geschehen können. Leute wie sie können gewalttätig werden, weißt du.»

«Sch. Kathy, bitte», sagte Oma ängstlich. Sie blickte auf die verrückte Dame, die weiterhin vor sich hin trillerte, jetzt jedoch leiser. «Sie ist wirklich nicht so. Ich glaube nicht, daß sie jemanden verletzt hätte. Tatsächlich, wenn du gehört hättest, was sie mir erzählt hat –»

«Mutter, die Frau ist verrückt!» flüsterte meine Mutter, und es fiel ihr schwer, leise zu bleiben. «Du kannst auf das, was sie sagt, nichts geben.»

«Was war es?» fragte Becky, und obwohl ich Angst hatte, etwas zu sagen, unterstützte ich ihre Frage, indem ich heftig mit dem Kopf nickte.

«Schluß jetzt», sagte Mutter und gab Becky einen leichten Warnklaps auf die Schulter, «oder ich schicke euch beide hinaus.»

Jetzt äußerte sich Vater: «Hör zu, Kathy», sagte er, «wir sollten einfach John Ray in der Bank anrufen. Er kommt und holt sie, und das ist alles.»

«Ich überlege mir, ob ich die Polizei rufe», sagte Mutter, und ich sah sie neugierig an. Sie hatte verletzt geklungen.

«Sie hat nichts getan», sagte Dad sanft. «Und außerdem geht es uns nichts an.»

Grandma pressed her hands together, as if to stop their shaking. "Oh, if you'd heard what she told me, once I brought her inside. I gave her the iced tea, and a little saucer of butter cookies, and for a while she sat there on the sofa, with me right beside her, and she just talked in the sweetest way. Said she was just out for a walk this afternoon, but hadn't realized how hot it was. She said the tea was delicious, and asked what kind I bought. Hers always turned cloudy, she said. And I'd started thinking to myself, This woman isn't crazy at all. She dresses peculiar, yes, and she should bathe more often, but people have just been spreading ugly gossip all these years, exaggerating everything. Anyway, I gave her more tea, and tried to be nice to her. She kept looking around the room, saying how pretty it was. She noticed Jacob's pictures, and couldn't believe he'd done such beautiful work. She asked if I still missed him, like she missed Mr. Longworth, and if I ever got lonesome, or frightened . . . And it was then that she changed, so suddenly that I couldn't believe my ears. She started talking about John Ray, and saying the most horrible things, but all in that same sweet voice, as if she was just talking about the weather. Oh, Kathy, she said John Ray wanted – wanted to kill her, that he was going to take her into the attic and chop her into little pieces. She said he beats her, and sometimes won't let her eat for days on end, but by then she'd started using her husband's name – you know, mixing the names up. One minute she'd be saying Carl, the next she was back to John Ray. And pretty soon she was just spouting gibberish, and she'd started that crazy singing of hers. She said did I want to hear a song, and that's when I came to phone you. I didn't know what to do – I didn't –"

64 Tears had filled her eyes. Mother reached out,
65 taking both her hands. "Never mind, you were just

Oma preßte die Hände zusammen, damit sie nicht mehr zittern sollten. «Oh, wenn ihr gehört hättet, was sie mir erzählt hat, als ich sie hereingebracht hatte. Ich gab ihr den Eistee und einen kleinen Teller mit Butterplätzchen, und eine Weile saß sie dort auf dem Sofa, ich neben ihr, und sie erzählte einfach ganz lieb.

Sie sagte, sie sei heute nachmittag nur spazieren gegangen, aber es sei ihr nicht klar gewesen, wie heiß es war. Sie sagte, der Tee sei köstlich und fragte, welche Sorte ich kaufe. Ihrer werde immer trüb, sagte sie. Und ich dachte: Diese Frau ist überhaupt nicht verrückt. Sie kleidet sich sonderbar, das stimmt schon, und sie sollte öfter baden, aber die Leute haben all die Jahre einfach häßlich geklatscht und getratscht und alles übertrieben. Also jedenfalls, ich gab ihr noch Tee und versuchte, nett zu ihr zu sein. Sie schaute sich immerzu im Zimmer um und sagte, wie schön es sei. Sie bemerkte Jacobs Bilder und konnte gar nicht glauben, daß er so schöne Gemälde zustande gebracht hat. Sie fragte, ob ich ihn noch vermisse, wie sie Mr. Longworth vermißt, und ob ich manchmal einsam sei oder Angst hätte...

Und da veränderte sie sich, so plötzlich, daß ich meinen Ohren nicht traute. Sie sprach über John Ray und sagte die schrecklichsten Sachen, aber alles mit der gleichen, süßen Stimme, als spräche sie nur eben über das Wetter. Oh Kathy, sie sagte, John Ray wolle – wolle sie umbringen, daß er sie in die Dachkammer bringen und zerstückeln wolle. Sie sagte, er schlage sie und lasse sie manchmal tagelang nichts essen, aber da fing sie an, den Namen ihres Mannes zu nennen – weißt du, sie brachte die Namen durcheinander. Einmal sagte sie Carl, dann war sie wieder bei John Ray. Und bald darauf kauderwelschte sie nur, und sie begann mit ihrer verrückten Singerei. Sie fragte, ob ich ein Lied hören wolle, und da war ich so weit, daß ich euch anrief. Ich wußte nicht, was ich tun sollte – ich –»

Sie hatte Tränen in den Augen. Mutter ergriff ihre beiden Hände. «Mach dir nichts draus, du warst nur freundlich zu

being kind to her," she said. "Bert's right, of course – we'll just call John Ray, and that'll be that."

Grandma couldn't speak, but her blue eyes had fixed on my mother's with a frightened, guilty look. It was then that Mrs. Longworth's eerie trilling stopped, and we heard, from the sofa: "Bert's right, of course, we'll just call John Ray. And that'll be that." The voice was sly, insinuating – it had the mocking, faintly malicious tone of a mynah bird.

I looked at Dad. His face had reddened, his mouth had fallen partway open.

"Would you like more tea?" Grandma asked, in a sweet overdone voice. She inclined her head, graciously, though it was clear she couldn't bring herself to take another step toward Mrs. Longworth. But the crazy lady didn't seem to mind. She cocked her head, and at the very moment I feared she would resume her weird singing, she said in a casual, matter-of-fact way, "No thanks, Paulina. I like the tea, but it isn't sweet enough." And she smiled, rather balefully; her teeth looked small and greenish.

Grandma began, "I could add more sugar –"

"Do you have Kool-Aid?" Mrs. Longworth asked. "That's my favorite drink, but my son won't let me have it."

"Yes, I think so," Grandma said, uncertainly. "I'll go and look."

"Red, please," Mrs. Longworth said. "Red's the best."

Grandma hurried back to the kitchen, leaving the rest of us to stare awkwardly at the old woman, while she looked frankly back at us. She had a childlike directness, but her eyes glittered, too, with the wry omniscience of the aged. Particularly when she looked down at Becky and me, her glance seemed full of mischief, as though she were exercising her right to a second childhood. And there was

ihr», sagte sie. «Bert hat natürlich recht – wir rufen John Ray an, und das ist alles.»

Oma konnte nicht sprechen, aber ihre blauen Augen waren mit einem angstvollen, schuldigen Blick auf Mutter gerichtet. Da hörte Mrs. Longworths beängstigendes Trillern auf, und wir hörten vom Sofa: «Bert hat natürlich recht, wir rufen John Ray an. Und das ist alles.» Die Stimme klang listig, schmeichelnd – sie hatte den nachahmenden, leicht boshaften Klang eines Spottvogels.

Ich schaute Dad an. Sein Gesicht war gerötet, sein Mund stand halb offen.

«Möchten Sie noch Tee?» fragte Oma mit übertrieben süßer Stimme. Sie neigte den Kopf wohlwollend, obwohl es klar war, daß sie es nicht über sich brächte, noch einen Schritt auf Mrs. Longworth zuzugehen. Aber es schien der verrückten Dame nichts auszumachen.

Sie reckte den Kopf, und als ich dachte, sie würde ihren unheimlichen Gesang wieder aufnehmen, sagte sie ganz beiläufig und sachlich: «Nein danke, Paulina. Ich mag den Tee, aber er ist nicht süß genug.» Und sie lächelte ziemlich boshaft; ihre Zähne sahen klein und grünlich aus.

Oma fing an: «Ich könnte mehr Zucker hineintun –»

«Haben Sie Brause?» fragte Mrs. Longworth. «Das ist mein Lieblingsgetränk, aber mein Sohn erlaubt nicht, daß ich welche kriege.»

«Ja, ich glaube», sagte Oma unsicher. «Ich gehe und sehe nach.»

«Rote, bitte», sagte Mrs. Longworth. «Rote ist am besten.»

Oma eilte in die Küche und ließ uns die alte Frau weiter verlegen anstarren, während sie uns offen ansah. Sie war kindlich unverstellt, aber ihre Augen glitzerten auch in der verqueren Allwissenheit der Betagten.

Besonders wenn sie Becky und mich ansah, schien ihr Blick voller Unheil, als übe sie ihr Recht auf eine zweite Kindheit aus. Und etwas war in ihrem Blick, das ich nur als Liebe empfinden konnte,

something in her glance that I could only feel as love, born of some intuitive sympathy. Young as I was, I remember sharing Grandma's thought: This woman isn't crazy at all.

For the moment, her attention had fixed on Becky. She held out a dirty, clawlike hand, as though to draw my sister closer by some invisible string.

"You're a pretty girl," she said, in the tone one uses for very young children. "Such pretty hair, and those cute freckles . . . I used to have freckles, when I was young. *I* was a pretty girl." She shook her head, as though hard put to say how pretty. "And I had nice dresses, cotton and gingham, all trimmed in lace. I'll bet you like pretty dresses. Your little nose is turned up, just like mine was."

Becky looked spellbound; her face had paled. "Thank you – thank you very much –" she stammered.

"Would you like to have some of the dresses I wore?" the old woman asked. "They're up in the attic, in a special trunk. We'll steal the key from John Ray. The dresses are safe, no bloodstains and none of them ripped. You could wear them to church, or when the young men come calling." She raised one finger of the still-outstretched hand. "But you'd have to bring them back. You couldn't steal them. We'll sneak them back late one night, when John Ray's asleep."

Becky tried to smile. I could see how scared she was; and I stood there hoping Mrs. Longworth wouldn't turn to me. Somehow I felt safer, being a boy.

"I – I don't know – It's real nice of you –" Becky couldn't put her words together.

"And you still have pretty clothes," my mother said suddenly, stepping forward. "That's a lovely shawl, Mrs. Longworth."

The crazy lady glanced down; she pulled the

entstanden aus einem intuitiven Mitgefühl. Ich erinnere mich, obwohl ich so jung war, daß ich Omas Meinung teilte: Diese Frau war überhaupt nicht verrückt.

Im Augenblick galt ihre Aufmerksamkeit Becky. Sie streckte eine schmutzige, klauenartige Hand aus, als wolle sie meine Schwester an einem unsichtbaren Faden näherziehen.

«Du bist ein hübsches Mädchen», sagte sie in einem Ton, den man für sehr kleine Kinder benutzt. «So schönes Haar, und die niedlichen Sommersprossen ... Ich hatte auch Sommersprossen, als ich jung war. *Ich* war ein hübsches Mädchen.» Sie schüttelte den Kopf, als könne man kaum beschreiben, wie hübsch. «Und ich hatte schöne Baumwollkleider, bedruckt oder bunt gewebt und mit Borten verziert. Ich wette, du magst hübsche Kleider. Du hast eine kleine Stupsnase, wie ich sie hatte.»

Becky sah aus wie betäubt; ihr Gesicht war blaß geworden. «Danke – vielen Dank», stammelte sie.

«Hättest du gern ein paar von meinen Kleidern?» fragte die alte Frau. «Sie sind oben auf dem Speicher, in einer besonderen Truhe. Wir stehlen John Ray den Schlüssel. Die Kleider sind heil, keine Blutflecken drauf und nicht zerrissen. Du könntest sie für die Kirche tragen, oder wenn junge Männer dich besuchen kommen.» Sie hob einen Finger der immer noch ausgestreckten Hand. «Aber du müßtest sie zurückbringen. Du dürftest sie nicht stehlen. Wir werden sie spät nachts heimlich zurückbringen, wenn John Ray schläft.»

Becky versuchte zu lächeln. Ich konnte sehen, wie verängstigt sie war; und ich stand da und hoffte, daß sich Mrs. Longworth nicht mir zuwenden würde. Irgendwie fühlte ich mich sicherer, da ich ein Junge war.

«Ich – ich weiß nicht – Es ist wirklich nett von Ihnen –» Becky brachte die Worte nicht zusammen.

«Und Sie haben immer noch hübsche Kleider», sagte meine Mutter plötzlich und trat vor. «Das ist ein reizendes Tuch, Mrs. Longworth.»

Die verrückte Dame schaute an sich herunter; sie zog das

shawl tighter around her shoulders, as though she'd suddenly felt a chill.

"I had a cashmere shawl, pale gray," she said, "that my husband gave me. It was before John Ray was even born. Mr. Longworth went up to Memphis, and afterward he showered me with presents. An opal ring, too. And a set of hair combs. I was a pretty woman, you know. I still wear shawls, but it's not the same. This one's green."

She spoke in a circular, monotonous rhythm, as though reminiscing to herself, as though she'd spoken these words a thousand times. It was a kind of sing-song. I thought again of her birdlike trilling.

"Well, it's very pretty," Mother said.

"It's *too* green," the crazy lady said, "but I think it hurts John Ray's eyes. He has weak eyes, you know. When he goes blind, I won't have to wear it."

Grandma came in from the kitchen, carrying a tray with six glasses and a large pitcher of Kool-Aid.

"It's raspberry, Mrs. Longworth," she said as she put the tray on the coffee table. Her hands still shook, and the glasses clattered together. "I hope you like it."

She poured a glass and held it out; Mrs. Longworth grasped it quickly, then took several long gulps. She closed her eyes in bliss. "Oooh!" she cried. "Isn't that good!"

Grandma maintained her brave smile. "Kathy, would you and Bert like –"

"No, Mother. We can't stay long, and Bert has a phone call to make. Don't you, Bert?"

"Yes – right," Dad said awkwardly.

"How about you kids?" Grandma said. She was trying gamely to make all of this appear normal; then, perhaps, it would somehow *be* normal. That was always Grandma's way. But, much as I loved

Tuch fester um ihre Schultern, als überliefe sie plötzlich ein Frösteln.

«Ich hatte ein Kaschmirtuch, hellgrau», sagte sie, «das mir mein Mann schenkte. Das war noch vor John Rays Geburt. Mr. Longworth reiste nach Memphis und hinterher überschüttete er mich mit Geschenken. Auch ein Opalring und ein Satz Kämme. Ich war eine schöne Frau, wissen Sie. Ich trage immer noch Tücher, aber es ist nicht mehr das gleiche. Dieses ist grün.»

Sie sprach in einem immer wiederkehrenden, eintönigen Rhythmus, wie aus einer tiefen Erinnerung, als hätte sie diese Worte schon tausendmal gesprochen. Es war eine Art Singsang. Ich mußte wieder an ihr vogelähnliches Trillern denken.

«Ja, es ist sehr schön», sagte Mutter.

«Es ist zu grün», meinte die verrückte Dame, «aber ich glaube, es schadet John Rays Augen. Er hat schwache Augen, wissen Sie. Wenn er blind wird, brauche ich es nicht mehr zu tragen.»

Oma kam aus der Küche und trug ein Tablett mit sechs Gläsern und einem großen Krug Brause.

«Es ist Himbeer, Mrs. Longworth», sagte sie, als sie das Tablett auf den Couchtisch stellte. Ihre Hände zitterten noch, und die Gläser klirrten aneinander. «Ich hoffe, Sie mögen es.»

Sie goß ein Glas ein und reichte es ihr; Mrs. Longworth ergriff es schnell und nahm mehrere große Schlucke. Sie schloß ihre Augen vor Wonne. «Oooh», rief sie, «das ist ja was Herrliches!»

Oma behielt ihr tapferes Lächeln bei. «Kathy, möchtest du und Bert –»

«Nein, Mutter. Wir können nicht lange bleiben, und Bert muß telefonieren. Nicht wahr, Bert?»

«Ja – richtig», sagte Dad unsicher.

«Wie ist es mit euch Kindern?» fragte Oma. Sie versuchte mutig, das alles als selbstverständlich erscheinen zu lassen, dann *wäre* es vielleicht irgendwie selbstverständlich. Das war immer Omas Art. Aber so sehr ich sie liebte, hatte ich

her, I was afraid to join in anything the crazy lady was doing. Like Becky, I stiffly shook my head.

Mrs. Longworth emptied her glass, then held it out to Grandma. "More, please," she said. While Grandma poured, she said (again in that matter-of-fact way): "You might not believe it, but I don't get good Kool-Aid like this. John Ray says it rots my teeth and my brain. I can drink water, or coffee without sugar." She made a face. "And if I don't drink it, John Ray gets mad. Now Carl, he never got mad. But my son is going to cut me with a long knife one of these days, and hide the pieces in the attic all in separate trunks. When it starts to smell, he'll throw the trunks in the river."

She took the second glass of Kool-Aid that Grandma shakily handed her. Then she sighed, loudly, as if the details of her gruesome demise had become rather tiresome. "My son works in a bank," she said, "and his teeth are big and strong. So he can have sugar. If I try to sneak some, he pinches my arms, or hits me with a newspaper. That hurts, because he rolls it up first and makes me watch. The pinches hurt, too, but not always. He works in a bank, and so he knows all about locks and trunks and vaults. He has a map, so he can find the river when he needs it. I should be able to have red Kool-Aid, and to sing. I used to sing for Carl, and sometimes I sang to John Ray when he was a baby. Now, he's tired of taking care of me. He says, Don't I have a life to live? Don't I?" Again she spoke like a mynah bird, pitching her voice very low. "That's what he says, and that's why he wants to cut me into pieces, and why I have all these bruises on my arms. You want to see them? It's not fair, because my singing is pretty. Carl said I had a prettier voice than Jenny Lind, and he heard her in person when he was a boy. He's dead, though. You want to hear me sing?"

Angst, irgend etwas mitzumachen, was die verrückte Dame tat. Wie Becky schüttelte ich steif den Kopf.

Mrs. Longworth leerte ihr Glas und hielt es Oma hin. «Bitte mehr», bat sie. Während Oma einschenkte, sagte sie (wieder natürlich): «Sie werden es nicht glauben, aber ich bekomme keine so gute Brause wie diese. John Ray sagt, sie verdirbt meine Zähne und mein Gehirn. Ich darf Wasser trinken oder Kaffee ohne Zucker.» Sie zog ein Gesicht. «Und wenn ich das nicht trinke, wird John Ray böse. Nun, Carl wurde niemals böse. Aber mein Sohn wird mich eines Tages mit einem großen Messer erstechen und die Stücke auf dem Speicher verstecken, alle in verschiedenen Truhen. Wenn es anfängt zu riechen, wird er die Truhen in den Fluß werfen.»

Sie nahm das zweite Glas Brause, das Oma ihr zitternd reichte. Dann seufzte sie laut, als seien die Einzelheiten ihres schauerlichen Ablebens ziemlich ermüdend geworden. «Mein Sohn arbeitet bei einer Bank», sagte sie, «und seine Zähne sind groß und kräftig. Deshalb kann er Zucker nehmen. Wenn ich versuche, welchen zu stibitzen, preßt er mir die Arme zusammen, oder er schlägt mich mit einer Zeitung. Das tut weh, denn er rollt sie zuerst zusammen und läßt mich zusehen. Das Pressen tut auch weh, aber nicht immer. Er arbeitet in einer Bank, deshalb weiß er alles über Schlösser, Truhen und Gewölbe. Er hat eine Karte, und so kann er den Fluß finden, wenn es nötig ist. Ich sollte rote Brause bekommen und auch singen können. Ich sang immer für Carl, und manchmal sang ich für John Ray, als er ein Baby war. Jetzt hat er es satt, auf mich aufzupassen. Er sagt: ‹Habe ich kein eigenes Leben zu leben? Habe ich das nicht?›» Wieder sprach sie wie ein Spottvogel, mit sehr leiser Stimme. «Das sagt er, und deshalb will er mich in Stücke schneiden, und deshalb habe ich all die Prellungen an den Armen. Wollt ihr sie sehen? Es ist nicht gerecht, denn ich singe schön. Carl sagte, ich hätte eine schönere Stimme als Jenny Lind, und er hatte sie selbst gehört, als er ein Junge war. Aber er ist tot. Wollt ihr mich singen hören?»

She stopped abruptly, her eyes widened. She waited.

"Would you like some more Kool-Aid?" Grandma asked, helplessly.

"Bert, you and Jamie go back into the kitchen. We'll wait out here with Mrs. Longworth." My mother gestured to her ear, as if holding an invisible telephone.

Dad said, "Come on, sport," and I joined him gladly. I glimpsed Becky's look of envy and longing as we escaped into the dining room, and finally back into Grandma's tiny kitchen.

"What's wrong with her? Why does she say those things?" I asked breathlessly, while Dad fiddled with the slender phone directory. I tugged at his arm, like a much smaller child; my heart was racing. I wore only a T-shirt and short pants, and I remember shifting my weight back and forth, my bare feet unpleasantly chilled by the kitchen linoleum.

"Just simmer down, son," he said, tousling my hair in an absentminded way. Frowning, he moved his eyes down a column of small print. "Ah, here it is. First national." And he began to dial.

I didn't unterstand it, but I was on the verge of tears – angry tears. When Dad finished talking with John Ray, his eyes stopped to read the little chalkboard hanging by the phone. "I can't believe it," he said, shaking his head. "It's still there."

Grudgingly, I followed his gaze to the chalkboard, and for the hundredth time read its message, in that antique, elaborate hand: *Paulie, Don't forget Gouda cheese for dinner tonight. I'll be hungry at six o'clock sharp. (Ha ha) Jacob.* If Grandma was out when my grandfather came home for lunch, he would leave her a note on the calkboard.
74 But he hadn't lived to eat that Gouda cheese – he
75 was stricken at four that afternoon, and died a short

Sie hörte plötzlich auf, mit aufgerissenen Augen. Sie wartete.

«Möchten Sie noch etwas Brause haben?» fragte Oma hilflos.

«Bert, du und Jamie geht mal in die Küche. Wir wollen hier zusammen mit Mrs. Longworth warten.» Meine Mutter machte eine Bewegung zum Ohr, als halte sie ein unsichtbares Telefon.

Dad sagte: «Komm, Kamerad», und ich schloß mich ihm gern an. Ich sah flüchtig Beckys Blick voll Neid und Sehnsucht, als wir ins Eßzimmer und schließlich in Omas winzige Küche flohen.

«Was ist denn los mit ihr? Warum sagt sie solches Zeug?» fragte ich atemlos, während Dad in dem dünnen Telefonbuch blätterte. Ich zog an seinem Arm, wie es ein viel kleineres Kind tut; mein Herz schlug heftig. Ich trug nur ein T-Shirt und kurze Hosen und ich weiß noch, wie ich mein Gewicht vor und zurück verlagerte und wie das Küchenlinoleum für meine bloßen Füße unangenehm kühl war.

«Beruhige dich, Junge», sagte er und zauste mein Haar abwesend. Stirnrunzelnd ließ er seine Augen über eine klein gedruckte Spalte wandern. «Ah, hier ist es. First National.» Und er wählte.

Ich verstand das nicht, aber ich war am Rand der Tränen, zorniger Tränen. Als Dad aufhörte, mit John Ray zu reden, blieben seine Augen an der kleinen Tafel neben dem Telefon hängen. «Ich kann es nicht glauben», sagte er und schüttelte den Kopf. «Es steht immer noch da.»

Ungern folgte ich seinem Blick auf die Tafel und las zum hundertsten Mal die Notiz in dieser alten, sorgfältigen Schrift: Paulie, vergiß nicht den Gouda für's Abendessen. Ich werde punkt sechs hungrig sein. (Haha) Jacob.

Wenn Oma weg war, und mein Großvater zum Mittagessen nach Hause kam, hinterließ er ihr eine Notiz auf der Tafel. Aber er hatte nicht mehr gelebt, um den Gouda zu essen – er bekam einen Herzschlag um vier Uhr nachmittags und starb

while later – and Grandma had insisted that his last message would never be erased. Mother disapproved, saying it was morbid, and more than once I'd seen Grandma's eyes fill with tears as they skimmed across the words yet another time. But she could be stubborn, and the message stayed.

"You'd know it was still there," I said, sniffling, "if you ever came with us to visit Grandma. But you're always gone."

The resentment in my voice surprised us both. My father's clear brown eyes flashed in an instant from anger, to guilt, to sorrow. He shook his head; the gesture had become familiar lately, almost a tic.

"Well, Jamie," he said slowly, licking his lips. "I guess it's time we had a little talk."

And for five or ten minutes he did talk, not quite looking at me, his voice filled with a melancholy dreaminess. He told me how complicated the grown-up world was, and how men and women sometimes hurt each other without wanting to; how they sometimes fell "out of love," without being able to control what was happening. He knew it must sound crazy, but he hoped that someday I would understand. Things were always changing, he said softly, and that was the hardest thing in the world for people to accept. Even my mother hadn't accepted it, not yet; but he hoped that she would, eventually. He hoped she wouldn't make it even harder for all of us.

The speech was commonplace enough, though startling to my young ears. As he spoke I kept thinking of Mrs. Longworth, and how she'd talked of her husband who had died, and how everything changed after that. I felt the cold, sickish beating of my heart inside my slender ribcage.

"But will Mother turn crazy, like Mrs. Longworth?" I asked, imagining myself, in a moment

kurz darauf – und Oma bestand darauf, daß seine letzte Nachricht niemals ausgewischt würde. Mutter mißbilligte es und sagte, es sei krankhaft, und mehr als einmal hatte ich gesehen, wie sich Omas Augen mit Tränen füllten, wenn sie wieder einmal über die Worte glitten. Aber sie konnte stur sein, und die Nachricht blieb.

«Du würdest wissen, daß es noch da steht», sagte ich schnüffelnd, «wenn du je mit uns zu Oma kämst. Aber du bist immer fort!»

Der Zorn in meiner Stimme verblüffte uns beide. Die klaren Augen meines Vaters blitzten einen Augenblick vor Zorn, dann vor Schuld, dann vor Kummer. Er schüttelte den Kopf; die Bewegung war in letzter Zeit vertraut geworden, fast wie ein Muskelzucken.

«Nun Jamie», sagte er langsam und fuhr sich über die Lippen. «Ich denke, es ist Zeit, daß wir miteinander reden.

Und fünf oder zehn Minuten lang redete er, sah mich nicht richtig an, und seine Stimme war voll trauriger Verträumtheit. Er erzählte mir, wie schwierig die Erwachsenenwelt sei, und wie sich Männer und Frauen manchmal weh täten, ohne es zu wollen; wie sie sich manchmal nicht mehr liebten, ohne erklären zu können, was geschah. Er wisse, daß es sich verrückt anhöre, aber er hoffe, daß ich ihn eines Tages verstehen würde.

Alles ändere sich unentwegt, sagte er leise, das sei für die Menschen am allerschwersten hinzunehmen. Auch Mutter habe es nicht hingenommen, noch nicht; aber er hoffe, sie würde es, schließlich. Er hoffe, sie mache es für uns alle nicht noch schwerer.

Die Rede war ziemlich abgedroschen, auch wenn sie meine jungen Ohren erschreckte. Als ich sprach, dachte ich an Mrs. Longworth, und wie sie über ihren Mann geredet hatte, der gestorben war, und wie sich danach alles verändert hatte. Ich fühlte das kalte, wie kranke Herzklopfen in meinem schmalen Brustkasten.

«Aber wird Mutter verrückt werden, wie Mrs. Longworth?» fragte ich und sah mich selbst in einem Augenblick

of terrified wonder, turning mean like John Ray. "Is it always the ladies who go crazy?"

Dad looked stymied; nor did I know myself what the question meant. I wouldn't even recall it until decades later, visiting my sister Becky in the hospital, where she was recuperating from a barbiturate overdose after the disappearance of her third husband. It would come back to me, in a boy's timid, faraway voice, like the echo of a terrible prophecy, a family curse. After a moment, though, my father reacted as though I'd said something amusing. Again, he tousled my hair; he smiled wearily.

"No, son," he said gently. "It's not always the ladies. You shouldn't let Mrs. Longworth get to you."

"But she said –"

"She's a crazy old lady, Jamie. She has nothing to do with us – don't pay any attention to what she says."

Hands stuffed in my pockets, one foot rubbing the toe of the other, I stood looking up at him. There were questions I wanted to ask, but I couldn't put them into words; and I somehow knew that he didn't have the answers.

"Now," Dad said, with a false heartiness, "why don't we –"

It was then that the kitchen door swung open, and there was my mother; she looked back and forth between Dad and me, as though she didn't recognize us.

"Honey? What is it?" Dad said, panicked.

"We – we couldn't stop her," Mother began, wildly. "She took off the shawl, then started unbuttoning her dress, that filthy dress –"

Dad crossed to her; he gripped her firmly by the upper arms.

"Calm down, Kathy. Now tell me what happened."

erschrockener Verwunderung so gemein werden wie John Ray. «Sind es immer die Frauen, die verrückt werden?»

Dad sah geschlagen aus; ich wußte selbst nicht, was die Frage bedeutete. Ich dachte erst Jahrzehnte später wieder daran, als ich meine Schwester Becky im Krankenhaus besuchte, wo sie sich von einer Überdosis Schlafmittel erholte, nachdem ihr dritter Ehemann verschwunden war. Es fiel mir ein, in der ängstlichen, weit entfernten Stimme eines Jungen, wie das Echo einer schrecklichen Prophezeiung, eines Familienfluchs. Aber mein Vater tat kurz darauf, als hätte ich etwas Lustiges gesagt. Wieder zauste er mein Haar; er lächelte müde.

«Nein, Junge», sagte er sanft. «Es sind nicht immer die Frauen. Du solltest dir Mrs. Longworth nicht so zu Herzen nehmen.»

«Aber sie hat gesagt –»

«Sie ist eine verrückte alte Dame, Jamie. Sie hat nichts mit uns zu tun – du solltest überhaupt nicht darauf achten, was sie sagt.»

Die Hände in die Taschen gestopft, einen Fuß am andern reibend, stand ich da und sah zu ihm hoch. Es gab Fragen, die ich stellen wollte, aber ich konnte sie nicht in Worte fassen; und irgendwie wußte ich, daß er keine Antworten hatte.

«Nun», sagte Dad mit falscher Herzlichkeit, «warum gehen wir nicht –»

Genau in diesem Augenblick sprang die Küchentür auf, und meine Mutter stand vor uns; sie schaute zwischen mir und Dad hin und her, wie wenn sie uns nicht richtig erkennen könnte.

«Liebling? Was ist los?» sagte Dad erschrocken.

«Wir – wir konnten sie nicht bremsen», begann Mutter ungestüm. «Sie nahm das Tuch ab und fing an, ihr Kleid aufzuknöpfen, dieses schmutzige Kleid –»

Dad ging hinüber zu ihr; er hielt sie an den Oberarmen fest.

«Beruhige dich, Kathy. Und dann sag mir, was geschehen ist.»

My mother was trembling. She said, haltingly, "Mrs. Longworth, she – she said she would show us, prove to us how cruel John Ray was. Before we could say anything, she started undressing. She undid the dress, then slipped it down to her waist. We – we just stared at her. We couldn't believe it. There were bruises, Bert, all over her arms and chest. Big purplish bruises, and welts . . . And she said, *John Ray did this,* in that little singing voice of hers –"

Dad had already released her arms. He went to the phone and dialed again. For a moment my mother's eyes locked onto mine. I'd never seen her lose her composure before, yet for some reason I was filled with a remarkable calm. From that moment forward, everything was changed between us.

"Oh God," she whispered, grief-stricken. "How I wish Becky hadn't seen."

Dad hung up the phone, then led us back into the living room; he kept one arm draped lightly around Mother's shoulder. John Ray had arrived, and sat on the sofa beside Mrs. Longworth. Her dress and shawl were in place, so it was hard for me to envision the scene my mother had described. Mrs. Longworth sat staring blankly forward, as if her mind had wandered to some distant place. John Ray held one of her hands, and sat talking amiably to Grandma. He was a big-chested man, almost entirely bald, and had teeth that were enormous, white, and perfectly straight. He smiled constantly. He was telling Grandma about all the times his mother had been "naughty," wandering into a department store, or a funeral parlor, or a private home. He hoped she hadn't been too much trouble. He hoped we understood that she meant no harm; that for years she hadn't had the slightest
80 idea what she was doing or saying.

81 A small, terrible smile had frozen onto Grand-

Meine Mutter zitterte. Sie sagte stockend: «Mrs. Longworth, sie – sie sagte, sie würde uns zeigen, uns beweisen, wie grausam John Ray sei. Bevor wir irgendetwas sagen konnten, fing sie an sich auszuziehen. Sie öffnete das Kleid und streifte es bis zur Taille herunter. Wir – wir starrten sie nur an. Wir konnten es nicht glauben. Da waren Blutergüsse, Bert, überall auf ihren Armen und ihrer Brust. Große violette Blutergüsse und Striemen... Und sie sagte mit ihrer dünnen, singenden Stimme: ‹Das hat John Ray getan.›»

Dad hatte ihre Arme schon losgelassen. Er ging zum Telefon und wählte wieder. Ganz kurz hielten die Augen meiner Mutter die meinen fest. Ich hatte sie nie zuvor die Fassung verlieren sehen, doch aus irgendeinem Grunde war ich von merkwürdiger Ruhe erfüllt. Von nun an war alles zwischen uns anders.

«Oh Gott», flüsterte sie bekümmert. «Ich wollte, Becky hätte es nicht gesehen.»

Dad legte den Hörer auf und begleitete uns ins Wohnzimmer zurück. Er behielt einen Arm leicht um Mutters Schulter. John Ray war gekommen und saß auf dem Sofa neben Mrs. Longworth.

Ihr Kleid und Tuch waren wieder in Ordnung, deshalb war es schwer für mich, mir die Szene vorzustellen, die meine Mutter beschrieben hatte. Mrs. Longworth saß da und starrte ausdruckslos vor sich hin, so als wäre ihr Geist an einen fernen Ort gewandert. John Ray hielt ihre Hand und unterhielt sich liebenswürdig mit Oma. Er war ein muskulöser Mann, fast ganz kahl, und hatte riesengroße weiße, ganz gerade Zähne. Er lächelte ununterbrochen. Er erzählte Oma von all den Gelegenheiten, bei denen seine Mutter «nichtsnutzig» war, etwa indem sie in ein Kaufhaus ging oder in ein Bestattungsinstitut oder in ein Privathaus. Er hoffe, sie habe nicht zu viele Ungelegenheiten gemacht. Er hoffe, es sei uns klar, daß sie nichts Böses wolle; seit Jahren wisse sie einfach nicht mehr, was sie tat oder sagte.

Ein kleines, schreckliches Lächeln war in Omas Gesicht

ma's face. She stood near the front door, her arm around Becky, who looked pale and dazed.

"She – she wasn't any trouble," my mother gasped.

"Oh no, none at all," said Grandma.

There were a few moments of silence, during which the five of us stared at the Longworths, John Ray giving back his imperturbable smile and Mrs. Longworth seeming lost in the corridors of her madness, her mouth slightly ajar, her hand resting limply inside her son's. I tried to picture John Ray beating her, or shouting his threats of a gruesome death. I decided it could not be true.

When the police arrived, neither John Ray nor his mother protested. The officer spoke to Mrs. Longworth by name, and returned a few pleasantries to the smiling John Ray. As he followed them out the door, the officer gave a knowing, barely perceptible look to my father, who nodded in acknowledgment, then turned his attention back to us.

"Well," he said, jovially, "why don't we all go out for an ice cream sundae?

Beyond that, I can't remember clearly. I don't believe that anyone, including myself, ever talked about the incident again; there was a tacit assumption between Becky and me that we would not resume our spying on the Longworths, but they continued to be tormented by other kids we knew. I remember feeling, for years afterward, that life had become disappointingly routine. Evidently the police hadn't charged John Ray: he was still working at First National by the time I left home for college. Nor had anything untoward happened to Mrs. Longworth: one night, about three years after wandering into our lives, she died peacefully in her sleep. It was whispered around town that John Ray
82 was wild with grief.

83 By then, the tensions between my parents had all

eingefroren. Sie stand bei der Haustür, den Arm um Becky, die blaß war und benommen aussah.

«Sie – sie hat uns keine Ungelegenheiten gemacht», keuchte meine Mutter.

«Oh nein, gar nicht», sagte Oma.

Ein paar Minuten lang war es still, während wir fünf Mrs. Longworth anstarrten, John Ray uns sein unerschütterliches Lächeln schenkte, und Mrs. Longworth in den Gängen ihrer Verrücktheit verloren zu sein schien, den Mund leicht geöffnet, ihre Hand schlaff in der ihres Sohnes. Ich versuchte mir auszumalen, wie John Ray sie schlug oder grausige Todesdrohungen ausstieß. Ich war sicher, daß es nicht stimmte.

Als die Polizei kam, leisteten weder John Ray noch seine Mutter Widerstand. Der Beamte sprach Mrs. Longworth an und tauschte ein paar Scherze mit dem lächelnden John Ray. Als er ihnen zur Tür hinaus folgte, warf der Beamte meinem Vater einen wissenden, kaum wahrnehmbaren Blick zu, und der nickte zustimmend und wandte uns wieder seine Aufmerksamkeit zu.

«Nun», sagte er gemütlich, «warum gehen wir nicht alle ein Eis essen?»

An das Weitere kann ich mich nicht genau erinnern. Ich glaube nicht, daß irgend jemand, einschließlich mir, noch einmal über den Zwischenfall sprach; ohne uns abzusprechen, fingen Becky und ich nicht wieder damit an, hinter den Longworths herzuspionieren, aber sie wurden weiterhin von andern Kindern, die wir kannten, belästigt. Ich erinnere mich, daß ich jahrelang danach das Gefühl hatte, das Leben sei eine enttäuschende Tretmühle. Offensichtlich hatte die Polizei John Ray nicht angeklagt: Er arbeitete immer noch bei der First National, als ich von zuhause wegging, ins College. Auch war Mrs. Longworth nichts Ungewöhnliches zugestoßen: eines Nachts, ungefähr drei Jahre, nachdem sie in unser Leben getreten war, starb sie friedlich im Schlaf. In der Stadt flüsterte man, John Ray sei außer sich vor Kummer.

Von da an waren die Spannungen zwischen meinen Eltern

but vanished; my father's unexplained absences had stopped, my mother no longer seemed angry or depressed. Grandma stayed absorbed in her garden, her knitting, her memories. Becky had plunged headlong into her adolescent social career, and with great effort had attained her obsessive goal: popularity. It seemed that I alone had changed. Violence had failed to erupt, and I became uneasy, tense, and vaguely suspicious. If I could have forseen what would happen to my sister, I would not have been surprised. Like her, I left the South as soon as I was old enough, relocating in a big, overpopulated city where violence is commonplace. Although I often worry about Becky, and Mother, and even Grandma, I know there is no reason to feel guilty, just as there is no logic to the dream I've had, recurrently, for more than twenty years: a dream in which I open a door to find the three of them perched on a sofa, cocking their heads from side to side, trilling their songs of madness and despair.

gänzlich verschwunden; die unerklärlichen Abwesenheiten meines Vaters hatten aufgehört, meine Mutter schien nicht mehr zornig oder niedergeschlagen zu sein. Oma blieb beansprucht von ihrem Garten, ihrem Stricken, ihren Erinnerungen. Becky hatte sich kopfüber ins Gerangel der Jugend gestürzt und mit großer Anstrengung das Ziel erreicht, von dem sie besessen war: Beliebtheit. Es schien, als hätte nur ich mich verändert. Keinerlei Gewalttätigkeit brach aus, und ich wurde unruhig, angespannt und argwöhnisch. Hätte ich voraussehen können, was mit meiner Schwester geschehen würde, hätte ich mich nicht gewundert. Wie sie verließ ich den Süden, sobald ich alt genug war und ließ mich in einer großen, übervölkerten Stadt nieder, wo Gewalt an der Tagesordnung ist. Obwohl ich mich oft um Becky und Mutter und sogar um Oma sorge, weiß ich, daß ich keinen Grund habe, mich schuldig zu fühlen, weil kein Sinn in dem Traum ist, den ich habe, immer wieder, seit zwanzig Jahren: ein Traum, in dem ich eine Tür öffne und die drei auf einem Sofa vorfinde, die Köpfe hin und her reckend, und ihre Lieder von Wahnsinn und Verzweiflung trillernd.

Sal La Puma
Guys under their Fedoras

When his father first sent him down to the basement under the pastry shop on Bleecker Street to mix dough for sesame cookies, Placido was fifteen, and he kept looking behind the hundred-pound sacks of flour and sugar for the scratching rats.

"The rats don't hurt you," said his father, Leone Addomesticato. "But no trust the machine. It take you in the pot. Use your head."

Of more concern to Placido than the iron-corseted motors and the turning armatures were the creatures in the dark corners. At least once during each day's batch, when the dough mixer was still, a rat came out. For an instant, Placido and the rat stared at each other like strangers on the Broadway trolley, possibly wanting to be friends but each very wary.

A virtual prisoner in the basement to do grown-up work, as expected of many boys and girls in immigrant families in 1918 when child-labor laws didn't exist, Placido at first resented his job. But later, he was persuaded by his father that he was helping to pay their bills, and then he took some pride in his work.

When Placido's fellow prisoners, the fat rats, looking like small Jack London wolves, didn't bite him, he became used to their rasping, the muslin tearing, and their excavation of caves inside the flour. Not fearing them any longer, Placido began to think they were there for his amusement.

If a bold one sprang out, as if a trap were mistakenly ejecting it instead of catching it (traps were tripped but always empty), Placido talked to the rat softly to gain its confidence. It wasn't fooled. Then Placido invented a game. Sitting high on the full

Sal la Puma
Männer mit Filzhüten

Als ihn sein Vater zum ersten Mal in den Keller unter dem Konditoreiladen schickte, damit er Teig für Sesamplätzchen machte, war Placido fünfzehn, und er mußte immerzu hinter die Zentnersäcke mit Mehl nach den kratzenden Ratten sehen.

«Die Ratten tun dir nichts», sagte sein Vater, Leone Addomesticato. «Aber trau der Maschine nicht. Sie zieht dich in den Kessel. Gebrauch deinen Verstand.»

Größere Sorgen als um die eisenverkleideten Motoren und die sich drehenden Magnetanker machte sich Placido um die Tiere in den dunklen Ecken.

Mindestens einmal während jeder Tagesproduktion kam eine Ratte heraus. Einen Augenblick starrten Placido und die Ratte sich an wie Fremde in der Broadwaybahn, als wollten sie vielleicht Freunde werden, aber nur sehr vorsichtig.

Als ein echter Gefangener im Keller, der die Arbeit von Erwachsenen tun mußte, wie es von vielen Jungen und Mädchen in Einwandererfamilien 1918 erwartet wurde, als es keine Gesetze gegen Kinderarbeit gab, haßte Placido zunächst seinen Job. Aber später wurde er von seinem Vater überzeugt, daß er half, die Rechnungen zu zahlen, und er war irgendwie stolz auf seine Arbeit.

Als Placidos Mitgefangenen, die fetten Ratten, die aussahen wie kleine Jack-London-Wölfe, ihn nicht bissen, gewöhnte er sich daran, daß sie raschelten, den Nessel zerfetzten und Gänge in das Mehl gruben. Da er sie nicht länger fürchtete, begann Placido zu glauben, sie seien zu seiner Unterhaltung da.

Wenn eine Mutige hervorsprang, als würde eine Falle sie versehentlich auswerfen statt sie zu fangen (auf den Fallen waren Spuren, aber sie waren immer leer), sprach Placido leise zu der Ratte, um ihr Vertrauen zu gewinnen. Sie wurde nicht zum Narren gehalten. Dann erfand Placido ein Spiel.

sacks, and pulling the light cord, he sat quietly. Confessional darkness and silence misled a few rodents into leaving their hiding places. The light snapped on again, they all scurried away like thieves when the black maria drove up at Washington Square Park.

When he tired of the game, he raised its ante by taking his father's six-shooter from under the cash register. With a handful of extra bullets, Placido again took his sentry post in the dark. After a few minutes, those rats daring to come out he shot dead.

At the short range, Placido rarely missed. Every day he killed a few until none was left. Taking each dirty rat by its tail to his father, Placido was rewarded a dime for each rat. It was then cremated with their trash in the backyard incinerator.

When all the rats were gone, the dough mixer with its slow monotonous humming was the only other thing pretending to be alive in the basement. Then Placido missed the secret noises, the unexpected gooseflesh as a rat appeared, and he was sorry they were all dead.

In 1943, the bakery lady, the library lady, and other shopkeepers had no part-time work to offer Placido's son, Leone, who had his grandfather's name as was the custom, and now young Leone was before a storefront without a sign, the windows painted in dark green in which Leone was seeing himself. As he went in, the bell overhead tinkled, but he had to wait. The young woman finally coming out from the back had blonde curls as round as his fists and breasts like twin babies.

"What's on your mind, sonny?" she said, as if Leone had some nerve coming in, since it wasn't really a store but a sparse office masquerading as one.

Er setzte sich hoch oben auf die vollen Säcke, zog an der Lichtschnur und blieb still sitzen. Vertrauenswürdige Dunkelheit und Ruhe verleiteten ein paar Nagetiere, ihre Verstecke zu verlassen. Das Licht ging wieder an, und sie trippelten alle weg wie Diebe, wenn die Grüne Minna beim Washington Square Park auftaucht.

Als er von dem Spiel genug hatte, erhöhte er seinen Reiz, indem er den Revolver seines Vaters unter der Kasse hervorholte. Mit einer Handvoll Reservekugeln nahm Placido wieder seinen Wachposten in der Dunkelheit ein. Wenn sich nach ein paar Minuten wieder eine Ratte heranwagte, schoß er sie tot.

Aus der kurzen Entfernung verfehlte Placido sie selten. Jeden Tag tötete er ein paar, bis keine mehr übrig war. Placido brachte jede schmutzige Ratte am Schwanz zu seinem Vater und wurde mit einem Dime für jede Ratte belohnt. Dann wurde sie mit dem Müll in dem Ofen im Hinterhof verbrannt.

Als alle Ratten weg waren, war der Teigmischer mit seinem eintönigen Summen das einzige im Keller, das so tat, als sei es lebendig. Da vermißte Placido die geheimnisvollen Geräusche, die unerwartete Gänsehaut, wenn eine Ratte auftauchte, und es tat ihm leid, daß sie alle tot waren.

1943 hatten weder die Frau aus der Bäckerei, noch die Frau aus der Buchhandlung, noch andere Geschäftsleute einen Job für Placidos Sohn, für Leone, der den Namen seines Großvaters trug, wie es Sitte war, und nun stand der junge Leone vor einer Ladenfront ohne Schild, die Fenster, in denen er sich selbst sah, waren dunkelgrün gestrichen. Als er hineinging, läutete die Glocke über der Tür, aber er mußte warten. Die junge Frau, die schließlich von hinten kam, hatte blonde Locken, rund wie seine Fäuste, und Brüste wie Zwillingsbabys.

«Was willst du, Bübchen?» sagte sie, als wäre Leone ganz schön mutig, hereinzukommen, da es gar kein echter Laden war, sondern ein einfaches Büro, wenn auch wie ein Laden zurechtgemacht.

"Can you use a kid? Three hours afternoons? And Saturdays?" said Leone.

"This ain't no place for a kid," she said, propping her behind on the desk as if it took too much strength to hold up.

"I'm asking in all the stores," said Leone. "I put up stock for Bohack's. Delivered capons for Hy's. And swept up for Nino's. Nino was teaching me to cut hair. On kids. Then he got sick."

"So what's your name?" she said.

"Leone Addomesticato. I was born over on 16th Avenue."

"If a certain guy's here. I'll have to see. He might talk to you. Don't touch nothing."

The only things to touch were the desk, a couple of chairs, a typewriter, a phone, the *Daily News* open to the race tracks,

a cascading ashtray, and, for lack of water in their drinking-glass vase, daffodils hanging their heads.

The slim guy coming out from the back was in a suit the color of coal ash. His shoulders stuck way out. And his tie and handkerchief were bright blue like Leone's eyes (inherited from his father, the color surprised other Sicilian kids, unsure if he really was one of them). The guy's black-band gray fedora looked brand new. He almost looked brand new himself, with a fresh shave, fresh smell, and a black mustache so skinny perfect it looked drawn on.

He lit a Camel. After inhaling, he acted as if he had made a mistake by not offering Leone one. So then he did. And Leone took it. The guy flicked his gold lighter, and Leone took a puff, and the guy took a puff. Then the guy grinned like a shark, as if Leone were a dumb kid trying to act older, but
90 Leone took another drag as if he didn't know what
91 the guy was thinking, but he did. When a cough

«Könnten Sie einen Jungen brauchen? Drei Stunden nachmittags? Und samstags?» fragte Leone.

«Das ist kein Ort für einen Jungen», sagte sie und stützte sich mit dem Hinterteil auf den Schreibtisch, als koste es zu viel Kraft, sich aufrecht zu halten.

«Ich frage in allen Läden», sagte Leone. «Ich habe schon bei Bohack Vorräte gestapelt. Für Hy Kapaune ausgeliefert. Und bei Nino gekehrt. Nino zeigte mir, wie man Haare schneidet. Bei Kindern. Dann wurde er krank.»

«Und wie heißt du?» sagte sie.

«Leone Addomesticato. Ich stamme von der 16th Avenue drüben.»

«Ich muß mal nachsehen, ob ein bestimmter Mann hier ist. Er wird vielleicht mit dir reden. Faß nichts an.»

Die einzigen Dinge zum Anfassen waren der Schreibtisch, ein paar Stühle, eine Schreibmaschine, ein Telefon, die Daily News, die bei den Rennergebnissen aufgeschlagen war, ein überquellender Aschenbecher und Narzissen, die die Köpfe hängen ließen, weil in dem Trinkglas, das sie als Vase hatten, das Wasser fehlte.

Der schlanke Mann, der von hinten kam, trug einen Anzug in der Farbe von Kohlenasche. Die Schultern waren breit. Und seine Krawatte und das Einstecktuch waren hellblau wie Leones Augen (die er von seinem Vater geerbt hatte, die Farbe überraschte die andern Sizilianer, und sie waren nicht sicher, ob er wirklich einer von ihnen war). Der Filzhut des Mannes hatte ein schwarzes Band und sah ganz neu aus. Er selbst sah fast wie neu aus, frisch rasiert, mit einem frischen Geruch und einem schwarzen Schnurrbart, so perfekt schmal, daß er wie aufgemalt aussah.

Er zündete sich eine Camel an. Nachdem er daran gezogen hatte, verhielt er sich, als habe er einen Fehler gemacht, Leone keine anzubieten. Also tat er es nun. Und Leone nahm sie. Der Mann klickte mit seinem goldenen Feuerzeug, und Leone tat einen Zug, und der Mann tat einen Zug. Dann grinste der Mann wie ein Hai, als sei Leone ein dummer Junge, der tat, als sei er älter, aber Leone zog noch einmal, als wüßte er nicht, was der Mann dachte, aber er wußte es.

felt like coming up, Leone stuffed it down again and knocked off his ash.

"Sylvia says. You're looking for a job."

"For spending money," said Leone.

Sylvia, now sitting behind her desk, said, "This here's Mr. Anthony Tempesta. You know who he is? Most important guy around Bensonhurst. Around Brooklyn even."

Sylvia's introduction put a light in Mr. Tempesta's cancelled eyes under lazy eyelids. Grinning again, he gave Sylvia's arm a little pat. Mr. Tempesta's teeth were blinding and he seemed to like to show them, and Leone was waiting for what would be coming out from his teeth. Leone was pretty sure it wouldn't be something easy like sweeping up curly locks.

"You smart?"

"I'm not bragging. I even skipped a year."

"Sicilian kids. They don't study. *Stupido*. It's important you learn. Your father. What's he do?"

Leone told him his father was a pastryman like his father, but that *he* wasn't going to be a pastryman. He didn't want to sweat all the time by the hot ovens. Maybe he'd be a salesman and drive a new car.

"Let me ask you," said Mr. Tempesta, sitting, while Leone remained standing. "Who else's in your family? Where do you live? You have friends? A girl? You save your money?"

Talking for five minutes, Leone was sweating and going dry at the same time. Then Mr. Tempesta held out his hand. Leone went over and shook hands.

"So what's the job?" said Leone.

"I like you. You talk," said Mr. Tempesta. "So far, so good. I consider you my friend. A Sicilian friend ain't somebody just to borrow four bits. He's a right arm. But it should be two ways. No?"

Als er meinte, er müsse husten, schluckte Leone es hinunter und schnippte seine Asche ab.

«Sylvia sagt, du suchst einen Job.»

«Damit ich flüssiges Geld habe», sagte Leone.

Sylvia, die nun hinter ihrem Schreibtisch saß, sagte: «Das hier ist Mr. Antony Tempesta. Weißt du, wer er ist? Der wichtigste Mann von Bensonhurst. Sogar von ganz Brooklyn.»

Sylvias Vorstellung ließ Mr. Tempestas gleichmütige Augen unter den trägen Lidern aufleuchten. Er grinste wieder und tätschelte leicht Sylvias Arm. Mr. Tempestas Zähne waren blendend weiß, und er schien sie gern zu zeigen, und Leone wartete, was zwischen diesen Zähnen hervorkommen würde. Leone war ziemlich sicher, daß es nicht sowas Einfaches sein würde wie Locken zusammenkehren.

«Bist du schlau?»

«Ich gebe nicht an, aber ich habe sogar ein Jahr übersprungen.»

«Sizilianische Jungen. Sie lernen nicht. Stupido. Es ist wichtig zu lernen. Dein Vater. Was macht er?»

Leone erzählte ihm, sein Vater sei Konditor, genauso wie der Großvater, aber er wolle nicht Konditor werden. Er wolle nicht die ganze Zeit bei den heißen Backöfen schwitzen. Vielleicht würde er Handlungsreisender werden und ein neues Auto fahren.

«Ich will dich was fragen», sagte Mr. Tempesta, der saß, während Leone stehen blieb. «Wer gehört noch zu deiner Familie? Wo wohnst du? Hast du Freunde? Ein Mädchen? Sparst du dein Geld?»

Während er fünf Minuten lang redete, schwitzte Leone und fühlte sich gleichzeitig ausgetrocknet. Dann reichte ihm Mr. Tempesta die Hand. Leone ging hin und schüttelte sie.

«Was ist nun meine Arbeit?» sagte Leone.

«Du gefällst mir. Du erzählst genau», sagte Mr. Tempesta. «So weit, so gut. Ich betrachte dich als meinen Freund. Ein sizilianischer Freund ist nicht jemand, von dem man nur etwas ausleiht. Er ist der rechte Arm. Aber es sollte umgekehrt genauso sein. Nicht wahr?»

"Sure."

"Come in the back. You want this job – fine. If not – fine too. Don't blab all over the street. You could make a few bucks. Like Sylvia. Sylvia Cohen. You two could run this place. But first. We see. If you could see the good in what we do."

Since Mr. Tempesta was slim he was fitting between the oil drums without soiling his suit. On the platform were two huge vats. A machine was attached to the workbench. Another machine was on the floor. And boxy cans without tops were against one wall stacked in a picturebook castle.

"You're in the oil business," said Leone.

"Your mother. When she makes sauce. The salad. What kind of oil she use? You know?"

"Olive oil," said Leone.

"Here we make the olive oil. We don't get it from Italy. With the war on. But we have to have the olive oil. So a little magic. To make the mamas happy. And we make the money."

Mr. Tempesta's fingernails, dark ruby on his right pinkie, and ruby cuff links sparkled. The hardest work he did, guessed Leone, was to flick his gold lighter. But now Mr. Tempesta surprised Leone by taking off his jacket and tie. Rolling up his sleeves, he was putting on the rubber apron from his neck to his feet.

"You make the oil from olives?" said Leone.

"This drum. See what it says?"

"Corn oil."

"This drum?"

"Peanut oil."

"We don't use too much the soya," said Mr. Tempesta. "Pure soya, when it's fried, it smells fishy. When people use our olive oil. Madonna Mia Olive Oil. We don't want them having fish oil. It says here on the can – 100% virgin olive oil. Imported from Lucca, Italy. Virgin from the first

«Klar.»

«Komm nach hinten. Willst du den Job – gut. Wenn nicht – auch gut. Sprich nicht überall darüber. Du könntest ein paar Scheinchen verdienen. Wie Sylvia. Sylvia Cohen. Ihr zwei könntet dies hier schmeißen. Aber erst lass' sehen, ob du siehst, wozu das gut ist, was wir machen.»

Da Mr. Tempesta schlank war, paßte er zwischen den Ölfässern durch, ohne seinen Anzug zu beschmutzen. Auf der Rampe standen zwei riesige Bottiche. Eine Maschine war an der Werkbank angebracht. Eine weitere Maschine stand auf dem Boden. Und kastenförmige Kanister ohne Deckel waren an einer Wand zu einer Bilderbuchburg aufgestapelt.

«Dann sind Sie im Ölgeschäft», sagte Leone.

«Deine Mutter. Wenn sie Soße macht. Salat. Welches Öl nimmt sie? Weißt du das?»

«Olivenöl», sagte Leone.

«Hier machen wir das Olivenöl. Wir bekommen es nicht aus Italien. Wegen des Krieges. Aber wir müssen Olivenöl haben. Deshalb ein wenig Zauber. Um die Mamas glücklich zu machen. Und wir verdienen das Geld.»

Mr. Tempestas Fingernägel, ein dunkler Rubin an seinem rechten kleinen Finger und die Rubinmanschettenknöpfe funkelten. Die schwerste Arbeit, die er tat, so dachte Leone, war es, sein goldenes Feuerzeug anzumachen. Aber nun überraschte Mr. Tempesta Leone, indem er seine Jacke und Krawatte auszog. Er rollte die Ärmel hoch und zog eine Schürze an, die vom Hals bis zu den Füßen reichte.

«Machen Sie Öl aus Oliven?» sagte Leone.

«Dieses Faß. Was steht drauf?»

«Maisöl.»

«Dieses Faß?»

«Erdnußöl.»

«Sojaöl benutzen wir nicht so viel», sagte Mr. Tempesta. «Reines Sojaöl schmeckt, wenn man es zum Braten nimmt, nach Fisch. Wenn die Leute unser Olivenöl nehmen, Madonna Mia Olivenöl, wollen wir nicht, daß sie Öl haben, das nach Fisch schmeckt. Hier auf dem Kanister steht: 100% reines Olivenöl. Importiert aus Lucca, Italien. Rein aus der

pressing. So what we make has to be good as the label. So we mix up the oils."

"Isn't it against the law?" said Leone.

"Yeah. It is. So you want to go? Or you want to hear how we get the oil in these vats?"

"I want to hear," said Leone.

"We have the electric pump," said Mr. Tempesta, lifting a drum lid with a crowbar. "You pump half the corn. Half the cottonseed. Half the peanut. And a quarter of the soya. You do that for both vats. Then you go rowing."

When both vats were filled now, Mr. Tempesta handed Leone an oar and Leone stirred the oils. From the tin candy box with raised roses on the lid, Mr. Tempesta took out a cough medicine bottle. "This here's pure color. A guy in Jersey makes it. Start with an ounce. Then an ounce of essence from this one. Essence gives the smell, the taste. You stir again. Then you open the spigot. Fill the glass. Look at the color. Smell. Put in your finger. You should be tasting olives. Your mother. It's hard to fool her. No? That's what we have to do. Take care of nice Sicilian mothers unhappy without olive oil. I take it home to my own mother. My own wife. They think it's smuggled in. From the old country. So how old are you, Leone?"

"Fifteen last Tuesday. You want me to get working papers?"

"Don't worry about that. I just care you're a good Sicilian boy. Come from a good family. And got the smarts. The guy did this job. He drives a new car now. In a nice suit. I never had nobody your age. But I need a hand. And you need a job."

" I want the job. Show me the color. And the smell. And after I try it a few times. I'll get it

right."

"Under the machine's a jar of Madonna Mia.

ersten Pressung. Was wir machen, muß so gut sein wie die Aufschrift. Deshalb mischen wir die Ölsorten.»

«Ist das nicht gegen das Gesetz», sagte Leone.

«Ja. Ist es. Willst du nun gehen? Oder willst du hören, wie wir das Öl in diese Bottiche bekommen?»

«Ich will es hören», sagte Leone.

«Wir haben eine elektrische Pumpe», sagte Mr. Tempesta und hob den Deckel eines der Fässer mit einer Brechstange an. «Du pumpst die Hälfte vom Mais hinein. Die Hälfte vom Leinsamen. Die Hälfte Erdnuß. Und ein Viertel Soja. Du machst das bei beiden Bottichen. Dann mußt du rudern.»

Als nun beide Bottiche gefüllt waren, reichte Mr. Tempesta Leone einen Rührstock und Leone verrührte das Öl. Aus der Bonbondose mit Rosen auf dem Deckel nahm Mr. Tempesta eine Hustensaftflasche. «Das hier ist pure Farbe. Ein Mann in Jersey macht sie. Fang an mit einer Unze. Dann eine Unze von dieser Essenz, die gibt den Geruch, den Geschmack. Du rührst wieder. Dann öffnest du den Hahn. Füllst das Glas. Schaust nach der Farbe. Riechst. Fährst mit dem Finger hinein. Es sollte nach Oliven schmecken. Deine Mutter. Es ist schwer sie zu täuschen. Oder? Das ist es, was wir tun müssen. Denk an die netten sizilianischen Mütter, die unglücklich sind ohne Olivenöl. Ich bringe es meiner eigenen Mutter nach Hause. Meiner Frau. Sie denken, es ist eingeschmuggelt. Aus der alten Heimat. Wie alt bist du, Leone?»

«Letzten Dienstag war ich fünfzehn. Soll ich Arbeitspapiere bringen?»

«Mach dir darüber keine Gedanken. Du bist ein guter sizilianischer Junge. Kommst aus einer guten Familie. Und hast die Schlauheit geerbt. Der Typ, der diese Arbeit gemacht hat, fährt jetzt ein neues Auto. In einem schönen Anzug. Ich hatte noch nie jemand in deinem Alter. Aber ich brauche eine Hilfe. Und du brauchst Arbeit.»

«Ich will den Job. Zeigen Sie mir die Farbe. Und den Geruch. Dann versuche ich es ein paarmal. Ich kriege es hin.»

«Unter der Maschine ist ein Glas Madonna Mia. Das ist

That's your boss. Your fresh sample has to match. You can make beautiful oil. If you want to get it perfect. Even better than the genuine article. You think? You could care about olive oil? About me? My friendship?"

Leone was thinking that Mr. Tempesta was a crook. He was a very likeable crook, very spiffy, very polite. But Leone's father couldn't stand a crook. So Leone had a problem. He wanted the job, not to be a crook himself, but to make a few bucks. Leone thought that since Mr. Tempesta could fool his own mother and wife, maybe he, Leone, could do the same with his mother and father. After all, his mother was still buying olive oil in the store and it probably was the same as he would be making.

Placido learned four recipes, and was thereafter charged by his father to make them as needed to keep each cookie pyramid stacked to its point. Soon though, the job seemed to Placido as mechanical as the brass blade turning in the dimpled copper pot, always in the same endless circle within a circle, the blade rotating like the earth as it also traveled in the circle of the year.

Placido wasn't even able to read *The Call of the Wild* in the basement, for the dough had to be tested frequently and the machine switched off at the exact moment. Anyway, the bare lightbulb, unless Placido sat high on the sacks close to it, would hardly illuminate the printed page. The basement in shadow, however, with the machine's gibberish drowning out the rest of the world, could be a place for remembering.

So Placido thought of Gina, so lithe, with clear egg-white skin. His friends teased him he was too young for the silk-stocking women at the Palladium on Broadway. But with his quick blue eyes, dark

dein Vorbild. Deine neue Probe muß genauso schmecken. Du kannst wunderschönes Öl machen, wenn du es tadellos hinkriegen willst. Sogar besser als die echte Ware. Glaubst du das? Könntest du dir aus Olivenöl etwas machen? Aus mir? Aus meiner Freundschaft?»

Leone hielt Mr. Tempesta für einen Betrüger. Er war ein sehr liebenswerter Betrüger, sehr adrett, sehr höflich. Aber Leones Vater würde einen Betrüger nicht dulden. Also spürte Leone einen Konflikt. Er wollte die Arbeit, nicht um selbst auch ein Betrüger zu werden, sondern um ein paar Scheine zu verdienen. Leone dachte, da Mr. Tempesta seine eigene Mutter und seine Ehefrau täuschen konnte, könnte er, Leone, das vielleicht auch mit seiner Mutter und seinem Vater tun. Immerhin kaufte seine Mutter noch Olivenöl im Geschäft, und es war wahrscheinlich das gleiche, das er machen würde.

Placido lernte vier Rezepte und wurde von seinem Vater beauftragt, so viele Plätzchen danach zu machen, wie man brauchte, um jeweils eine Pyramide bis oben aufgestapelt zu halten. Aber bald erschien Placido diese Arbeit so eintönig wie das Drehen des Messingblatts in dem verbeulten Kupferkessel, immer in demselben, endlosen Kreis innerhalb eines Kreises, wo das Blatt sich drehte wie die Erde, die sich im Kreislauf des Jahres bewegt.

Placido konnte noch nicht einmal «Ruf der Wildnis» im Keller lesen, denn der Teig mußte ständig probiert und die Maschine zum genau richtigen Zeitpunkt ausgeschaltet werden. Die nackte Glühbirne würde sowieso kaum die gedruckte Seite beleuchten, es sei denn, Placido säße hoch oben auf den Säcken, direkt unter dem Licht. Der dämmerige Keller mit der Maschine, die mit ihrem Rumpeln die ganze übrige Welt ausschloß, konnte aber immerhin ein Ort für Erinnerungen sein.

Also dachte Placido an Gina, die so geschmeidig war, mit einer Haut, hell und weiß wie Eierschale. Seine Freunde zogen ihn auf, er sei zu jung für die Frauen mit Seidenstrümpfen im Palladium am Broadway. Aber mit den flin-

hair brushed straight back and glossy with pomade, and in his father's black suit, a woman's red mouth might soften when Placido looked at her, and she might even dance with him. Placido iced his cakewalk with sugary swirls and his tango with Gina was almost a sin. Gina, a day nurse, took him to her fifth-floor walkup on Elizabeth Street that she shared with Ruth, a night nurse. He played strip poker with Gina and he stayed all night. Widowed at nineteen when her husband of nineteen was killed in the Argonne Forest in the war, Gina had said, "You can stay, Placido. You don't ever have to go."

Punching the butter and eggyolk-yellow dough in the solid warm wax bubble, he was relishing his delicious memory of that night. Absorbed in his thoughts, Placido was forgetting to be on guard against the machine that could turn on him if he failed to pay attention.

He was standing against the dough mixer's copper pot, his sleeves rolled up as a precaution. The blousy silk shirt was his father's, and was his gift, which Placido knew he shouldn't be wearing now, but it endowed him with an additional layer of manliness he strongly desired for himself. Leaning into the pot to punch, the excess cloth at his shoulder was catching on the ratchet nut locking in the blade. The sleeve had enough space for twice Placido's biceps, so he didn't quickly realize that the slow turning blade was winding in the cloth.

Even a second later, his arm pulling in, Placido wasn't alarmed and didn't call up to his father frying cannoli skins in boiling lard. Placido simply tried to unknot the fabric from the nut, trying to save his shirt. The noose was getting tighter until his shoulder muscle was against the ratchet nut. Then it was dragging him in against the machine
100 and around in the circle with the dough. His flesh
101 tearing, his howling finally pierced the machine's

ken, blauen Augen, das dunkle Haar streng zurückgekämmt und vor Pomade glänzend, im schwarzen Anzug seines Vaters, würde der Mund einer Frau vielleicht weich werden, wenn Placido sie anschaute, und sie würde vielleicht sogar mit ihm tanzen. Placido verzierte seinen Cakewalk mit süßen Wirbeln, und sein Tango mit Gina war fast eine Sünde. Gina, eine Tagesschwester, nahm ihn mit in ihre Wohnung, die sie mit Ruth, einer Nachtschwester, teilte. Er spielte Strip Poker mit Gina und blieb die ganze Nacht. Gina, die mit neunzehn Witwe geworden war, weil ihr gleichaltriger Mann im Krieg im Argonnerwald gefallen war, hatte gesagt: «Du kannst bleiben. Du mußt nicht mehr gehen.»

Während er den Teig aus Butter und Eigelb in der festen, warmen Wachsschüssel knetete, genoß er die angenehme Erinnerung an diese Nacht.

In seine Gedanken versunken vergaß Placido auf die Maschine zu achten, die ihn erwischen konnte, wenn er nicht aufpaßte.

Er stand am Kupferkessel des Teigmischers, die Ärmel aus Vorsicht hochgerollt. Das weite Seidenhemd hatte seinem Vater gehört, und der hatte es ihm geschenkt; Placido wußte, daß er es jetzt nicht tragen sollte, aber es verlieh ihm einen besonderen Anflug von Männlichkeit, den er sich so sehr wünschte. Als er sich zum Kneten in den Kessel lehnte, verfing sich der übrige Stoff an der Schulter in der Klinkenmutter, die das Blatt hielt. Placidos Bizeps hätte zweimal in den Ärmel gepaßt, deshalb bemerkte er nicht so schnell, daß sich das langsam drehende Blatt in den Stoff wand.

Sogar eine Sekunde später, als sein Arm hineingezogen wurde, war er nicht erschrocken und rief nicht nach seinem Vater, der Cannoli in heißem Schmalz ausbuk. Placido versuchte einfach, den Stoff von der Mutter loszumachen und das Hemd zu retten. Die Schlinge wurde enger, bis seine Schultermuskeln bis zur Klinkenmutter reichten. Dann zog es ihn an die Maschine heran und mit dem Teig in den Kreis. Als das Fleisch aufriß, übertönte sein Schrei schließlich das Gemurmel der Maschine, und sein Vater, der herunter-

muttering, and his father, rushing down, shut the switch. The hole in Placido's shoulder fit his two fingers to their first joint. He bit his lip to subdue the pain and stifle his cry, but his father wept as he hugged his son to his chest.

Filling gallon cans at the spigot, Leone set ten of them on the workbench, dealing each a lid. Then he pulled the lever on one can at a time. The machine squeezed the lid and the sharp edges together. After sealing 100 cans, Leone went to take a break and smoke with Sylvia, but stopping in the doorway he listened.

Two guys were in the office. One was shooting off his mouth and Sylvia was sassing back she didn't know where Mr. Tempesta was. Hiking her shoulders back, she was bouncing her twins, but her breasts had no effect on the unfriendly guys under their fedoras. The big one with the cigar was a volcano. The other's baked-ham face saw Leone in the doorway, and coming by, he chucked Leone under the chin sending a chill down his spine. That guy looked in the back room and then went out front again.

Leone kept watching. He didn't want them beating up Sylvia, but she wasn't scared. Now she lit up, and the mountain said something in Sicilian. Then they went out and Leone went in the front room.

"Hey. Kid. You ain't worried?" said Sylvia.

"Nah," he said.

"Ain't nothing to worry about," she said. "Tony. And his brother. Joey. They don't take nothing from nobody. If you get what I mean. Nobody's hurting a hair on your head. Even if I have to plug them myself."

"You don't have a gun?" said Leone.

102 Sylvia opened the center desk drawer. She took
103 out a big automatic. Silver like his mother's candy

rannte, schaltete sie aus. Das Loch in Placidos Schulter war zwei Finger breit. Er biß sich auf die Lippen, um den Schmerz zu bezwingen und das Schreien zu unterdrücken, aber sein Vater weinte, als er den Sohn an seine Brust drückte.

Leone füllte Ein-Gallonen-Kanister am Hahn ab, stellte zehn davon auf die Werkbank und verteilte die Deckel darauf. Dann setzte er den Hebel bei jedem der Kanister an. Die Maschine drückte den Deckel und die scharfen Kanten zusammen. Nachdem er hundert Kanister verschlossen hatte, wollte Leone eine Pause machen und mit Sylvia eine Zigarette rauchen, aber er blieb an der Tür stehen und lauschte.

Zwei Männer waren im Büro. Einer von ihnen schrie herum, und Sylvia zischte zurück, sie wisse nicht, wo Mr. Tempesta sei. Sie bog die Schultern zurück und ließ ihre Zwillinge hüpfen, aber ihre Brüste machten keinen Eindruck auf die unfreundlichen Männer unter den Filzhüten. Der große mit der Zigarre war ein Hüne, der andere mit einem Gesicht wie gebratener Schinken sah Leone an der Tür, ging zu ihm hin, und als er Leone unter das Kinn faßte, lief ihm ein Schauer über den Rücken. Dieser Mann schaute ins Hinterzimmer und ging dann wieder nach vorn.

Leone beobachtete sie weiter. Er wollte nicht, daß sie Sylvia schlugen, aber sie hatte keine Angst. Nun stand sie auf, und der Riese sagte etwas auf Sizilianisch. Dann gingen sie hinaus, und Leone trat in den vorderen Raum.

«Hej, Junge. Hast du keine Angst?» fragte Sylvia.

«Nee», sagte er.

«Du brauchst keine Angst zu haben», meinte sie. «Tony und sein Bruder Joey, sie lassen sich von keinem was gefallen. Du verstehst vielleicht, was ich meine. Niemand wird dir ein Haar krümmen. Und wenn ich sie selbst abknallen muß.»

«Du hast doch keinen Schießprügel?» sagte Leone.

Sylvia öffnete die mittlere Schreibtischschublade. Sie nahm eine große Automatik heraus. Silbern wie die Bonbon-

dish. She pointed it to the space where the guys had been standing, and said, "Bang. Bang." Then she put it away.

"Who were those guys?" said Leone, a shiver in his back that he would deny having.

"Guys that should be saying their prayers. Once I tell Tony," she said.

Then she put her fingers in Leone's hair as if he were her kid brother. He thought it felt very nice, so he moved in closer.

"Sylvia. You're beautiful."

"Your hair's so wavy. Wish I had it. What I have to go through for these curls. Want to touch my curls? Don't they feel nice?"

Not until Placido shut off the dough mixer did he hear his father's voice upstairs, not directed at him, or at Placido's mother, Carmella, in their apartment behind the shop, but to someone in the store. Then Leone's shouting stopped. Placido waited to hear if it began again. If it didn't, then Placido could continue his work, his shoulder scarred but otherwise as strong as before. He was making macaroons today, his own favorite, and he put in extra almond paste, mealy and toothaching, just because he ate them. Now his father's trombone voice came again, not in fear, only partly in anger, mostly as a command, indistinct, but indisputable.

Placido would find out for himself what was going on. At the top of the stairs was the short hall separating the workshop from the selling store. Placido held back in the hall, watching his father behind the counter, a short muscular man with a face and head a few sizes too big, like a caricature of himself.

His father was telling two guys in double-breasted dark suits and spotless fedoras to get out. Placido thought he would like to be as well-dressed

teller seiner Mutter. Sie deutete damit auf die Stelle, wo die Kerle gestanden hatten, und sagte: «Bang, bang.» Dann legte sie sie weg.

«Wer waren diese Männer?» fragte Leone mit einem Schauer übern Rücken, den er aber nicht zugegeben hätte.

«Männer, die beten sollten, wenn ich es Tony erzähle», sagte sie.

Dann strich sie mit den Fingern durch Leones Haar, als wäre er ihr kleiner Bruder. Er fand, daß sich das sehr gut anfühlte und kam näher.

«Sylvia. Du bist schön.»

«Dein Haar ist so wellig. Ich wollte, ich hätte es. Was ich aushalten muß für diese Locken. Willst du meine Locken anfassen? Fühlen sie sich nicht gut an?»

Placido hörte erst, als er den Teigmischer abstellte, die Stimme seines Vaters oben, nicht an ihn gerichtet und nicht an Placidos Mutter Carmella in der Wohnung hinter dem Geschäft, sondern an jemanden im Laden. Da hörte Leones Geschrei auf. Placido wartete und horchte, ob es wieder anfinge. Wenn nicht, konnte Placido mit seiner Arbeit weitermachen, mit der Schulter voller Narben, aber trotzdem so stark wie früher. Heute machte er Makronen, seine Lieblingssorte, und er gab außerdem mehlige und Zahnweh machende Mandelcreme dazu, einfach weil er sie selbst aß. Nun begann die Stimme seines Vaters wieder wie eine Posaune, nicht ängstlich, nur bis zum gewissen Grade wütend, eher wie ein Befehl, undeutlich, aber unwidersprochen.

Placido wollte wissen, was los war. Oben an der Treppe war der kleine Flur, der den Arbeitsraum vom Verkaufsraum trennte. Er blieb im Flur stehen und beobachtete seinen Vater hinter dem Ladentisch, ein kleiner, muskulöser Mann mit einem Gesicht und einem Kopf, die beide ein paar Nummern zu groß waren, wie eine Karikatur seiner selbst.

Sein Vater forderte zwei Männer in dunklen Zweireihern und makellosen Filzhüten auf, gefälligst abzuhauen. Placido dachte, eines Tages wollte er auch so gut an-

someday. But not as fat. His father was speaking in Sicilian. Placido usually understood Sicilian, but spoke it only brokenly himself. Of the two guys one spoke and one didn't. The one who did was whispering, as if what he was saying were so terrible no amplification was needed. Placido couldn't make out exactly what he was saying.

The talking stopped. A quiet space like a big round table was between Leone behind the counter and the guys out front. They seemed to be waiting for a sign from Leone, and when it didn't come, they whispered together. Leone thought he had won the argument. For his final blow, he was calling them *"Il vile travitore,"* filthy rats, and ordering them out.

Leone hadn't won. He had only convinced them he wouldn't pay protection money to vermin and spat on their treats. So now each guy picked up a wire chair by the tiny marble tables where evenings Placido served espresso and spumone to customers, and using the chairs like sledge hammers, they were smashing the glass cases. Their suits didn't wrinkle and their fedoras didn't slip off their heads as they laughed and the glass shattered in shards on Placido's cookies and Leone's pastries.

Placido thought that his father had underestimated the danger of rats as he himself had of the machine. Placido was a little afraid as once he had been in the basement, but if it were necessary now, he would stand by his father and fight these monster rats.

Leone, disbelieving that two-bit gangsters were destroying his business before his eyes, seemed caught by surprise and momentarily incapable of responding. They were coming now, the chairs raised over their heads destined for Leone's own curly fringed head. Then Leone felt his son beside him, hearing him say softly, "Papa. Watch out."

gezogen sein. Aber nicht so dick. Sein Vater sprach sizilianisch. Normalerweise verstand Placido sizilianisch, wenn er es auch selber nur gebrochen sprach. Von den beiden Männern redete einer, der andere nicht. Der, der redete, tat es flüsternd, als wäre das, was er sagte, so furchtbar, daß er nicht lauter werden mußte. Placido konnte nicht genau verstehen, was er sagte.

Das Gespräch hörte auf. Ein Zwischenraum des Schweigens stand wie ein großer runder Tisch zwischen Leone hinter der Theke und den Männern davor.

Sie schienen auf ein Zeichen von ihm zu warten, und als es nicht kam, flüsterten sie miteinander. Leone dachte, er habe den Streit gewonnen. Als seinen letzten Schlag nannte er sie «Il vile travitore», dreckige Ratten, und wies sie hinaus.

Leone hatte nicht gewonnen. Er hatte sie nur überzeugt, daß er kein Schutzgeld an Ungeziefer zahlen würde und auf ihre Drohungen spuckte. Also nahm nun jeder der Männer einen Rohrstuhl von den kleinen Marmortischen, an denen Placido abends den Kunden Espresso und Spumone servierte, und indem sie die Stühle wie Vorschlaghämmer benutzten, zertrümmerten sie die Glasvitrinen. Ihre Anzüge zerknitterten nicht, und ihre Hüte fielen nicht herunter, während sie lachten und das Glas in Scherben auf Placidos Plätzchen und Leones Torten prasselte.

Placido dachte, daß sein Vater die Gefährlichkeit der Ratten unterschätzt hatte wie er selber die der Maschine. Placido hatte ein wenig Angst, wie er sie damals im Keller gehabt hatte, aber wenn es jetzt nötig war, würde er seinem Vater beistehen und gegen diese Ratten-Ungeheuer kämpfen.

Leone, der nicht glauben konnte, daß zwei lausige Gangster seinen Laden vor seinen Augen zerstörten, schien überrascht und im ersten Augenblick unfähig zu reagieren. Nun kamen sie auf ihn zu, die Stühle über die Köpfe gehoben, und zielten direkt auf Leones Lockenkopf. Dann spürte er seinen Sohn neben sich und hörte ihn leise sagen: «Papa, paß auf.»

From under the cash register, Placido was grabbing the longbarreled pistol. But his father wrenched it from his hand. Then Leone, his chin stuck out, was shooting both guys in their wide lapels. The cracks from the barrel weren't muffled as in the basement by the soft sacks, but were swelled out into thunder by the hard walls and showcases. As the guys fell forward on the floor's small white hexagonal tiles now in a red wash, their fedoras finally flew off.

Leone became the hero of his Greenwich Village neighborhood. Gangsters didn't come around to collect protection from shopkeepers on Bleecker Street for years. By the time they did come again, Leone had moved his wife and son across the East River to Bensonhurst in Brooklyn.

"You make the best olive oil we sell. For two years," said Mr. Tempesta. "Your nose should be big. A small nose shouldn't smell that good."

"I use a little more corn. A little less cottonseed," said Leone.

"You have a dollar in your pocket?"

Leone took out two quarters.

"Sylvia. Lend him a dollar," said Mr. Tempesta. "I have a sure thing. You two. You bet on the horse. Two dollars on the nose. Piece of Cake. To win in the fourth. At Belmont. That's your bet."

"I never bet on a horse before," said Leone.

"We walk up the street. To Lorenzo's gas station. I show you who to talk to."

"Is he the favorite?" said Sylvia, putting the singles in Leone's hands. "Who's the jockey? I love that Atkinson. A cute little guy."

Leone and Mr. Tempesta marched under the BMT elevated with the train running over their conversation, sounding, Leone imagined, the way the war did. When they went in the gas station

Unter der Registrierkasse griff Placido nach der Pistole mit dem langen Lauf. Aber sein Vater wand sie ihm aus der Hand. Dann schoß Leone, das Kinn vorgereckt, in die breiten Reverskrägen der beiden Kerle.

Der zweimalige Knall aus dem Lauf wurde nicht wie im Keller von weichen Säcken gedämpft, sondern wuchs zwischen den harten Wänden zu einem Donnern an. Die Männer fielen nach vorn auf die kleinen, weißen, sechseckigen Fliesen, die sich nun rot färbten, ihre Hüte flogen schließlich herunter.

Leone wurde der Held der Nachbarschaft in Greenwich Village. Jahrelang kamen keine Gangster mehr in die Bleecker Street, um von den Geschäftsleuten Schutzgelder zu kassieren. Als später wieder welche kamen, war Leone mit Frau und Sohn über den East River nach Bensonhurst in Brooklyn gezogen.

«Leone, du machst das beste Olivenöl, das wir seit zwei Jahren verkauft haben», sagte Mr. Tempesta. «Deine Nase müßte eigentlich groß sein. Eine so kleine Nase dürfte eigentlich nicht so gut riechen können.»

«Ich nehme etwas mehr Mais. Etwas weniger Leinsamen», sagte Leone.

«Hast du einen Dollar in der Tasche?»

Leone holte zwei 25-Cent-Stücke heraus.

«Sylvia, leih ihm einen Dollar», sagte Mr. Tempesta. «Ich weiß eine sichere Sache. Für euch beide. Ihr wettet auf ein Pferd. Zwei Dollars auf Sieg. Piece of Cake. Sieg im vierten. In Belmont. Das ist eure Wette.»

«Ich habe noch nie auf ein Pferd gewettet», sagte Leone.

«Wir gehen die Straße hinauf. Zu Lorenzos Tankstelle. Ich zeige dir, mit wem du reden mußt.»

«Ist er der Favorit?» sagte Sylvia und zählte die Geldstücke in Leones Hand. «Wer ist der Jockey? Ich mag diesen Atkinson. Ein süßer kleiner Kerl.»

Leone und Mr. Tempesta liefen unter der BMT Hochbahn entlang, und ein Zug übertönte ihr Gespräch, und es hörte sich an wie Krieg, dachte Leone. Als sie ins Büro der Tank-

office, four guys got up from their chairs. Two had been in the shop weeks earlier acting tough with Sylvia. To the four, Mr. Tempesta said, "This is Leone. He's my good friend." He put his arm around Leone's shoulder. The men nodded to Leone and sat down again. "Leone wants to make the bet. Leone. Tell Ricci what you want."

"Two dollars on Piece of Cake. On the nose. The fourth race. I forgot the track."

"Belmont," said Ricci, a bookmaker, desolate and sallow, as if he had lost most bets when the opposite was likely. He took the money and scribbled in his small pad. "Good luck, kid. Runs at three-fifty. Hang around. You'll hear it on the radio."

"Some other time, Leone," said Mr. Tempesta. "The kid has to do a little something. He comes to collect. The horse comes in. At five." To the guys who weren't tough now, Mr. Tempesta said, "Nice to see you. Angie. Pepe. You guys should bet that horse. I got the straight dope it wins."

Piece of Cake, a long shot, paid $48 for their two-dollar bet. Leone split $23 to himself and $25 to Sylvia, which included the two dollars she put up. Leone brought his money home and folded it under the salt cellar where his father put his pay each week.

"You didn't steal it?" said his father, Placido.

"He gave me a bonus. I made over 1000 cans this week," said Leone.

"I been thinking. These months," said Placido. "How oil comes from Italy? With the war?"

Leone was explaining again that it was smuggled in, lying to keep his job, but hating the lie, for if it were found out he would suffer the loss of respect from his father who often talked to him man to man.

110 Placido just shook his head and said, "You don't
111 work there no more. It's finished. You're too

stelle gingen, standen vier Männer von ihren Stühlen auf. Zwei davon waren Wochen zuvor im Laden gewesen und hatten Sylvia grob behandelt. Mr. Tempesta sagte zu den vieren: «Das ist Leone. Er ist ein guter Freund von mir.» Er legte den Arm um Leones Schulter. Die Männer nickten Leone zu und setzten sich wieder. «Leone will wetten. Leone, sag Ricci, was du willst.»

«Zwei Dollar auf Piece of Cake. Auf Sieg. Im vierten Rennen. Die Bahn hab ich vergessen.»

«Belmont», sagte Ricci, der Buchmacher, traurig und blaß, als habe er die meisten Wetten verloren, dabei war das Gegenteil wahrscheinlich. Er nahm das Geld und kritzelte auf einen kleinen Block. «Viel Glück, Junge. Es läuft um zehn vor vier. Komm vorbei. Du wirst es im Radio hören.»

«Ein andermal, Leone», sagte Mr. Tempesta. Der Junge hat ein bißchen was zu tun. Er kommt um zu kassieren. Das Pferd kommt rein. Um fünf.» Zu den Männern, die jetzt zu niemandem grob waren, sagte Mr. Tempesta: «Schön, euch zu sehen, Angie, Pepe. Ihr solltet auf dieses Pferd wetten. Ich habe die sichere Information, daß es gewinnt.»

Piece of Cake, ein Volltreffer, brachte 48 Dollars für ihre Zwei-Dollar-Wette. Leone teilte es in 23 Dollars für sich selbst und 25 Dollars für Sylvia, wegen der zwei Dollars, die sie draufgelegt hatte. Leone brachte das Geld heim und steckte es unter die Geldkassette, in die sein Vater jede Woche seinen Lohn legte.

«Du hast es nicht gestohlen?» fragte sein Vater Placido.

«Er hat mir einen Bonus gegeben. Ich habe diese Woche über tausend Kanister geschafft», sagte Leone.

«Ich habe inzwischen nachgedacht», sagte Placido. «Wie kommt das Öl aus Italien? Im Krieg?»

Leone erklärte wieder, daß es eingeschmuggelt würde, und log, um seinen Job zu behalten, aber er haßte die Lüge, denn wenn es herauskam, würde er die Achtung seines Vaters verlieren, der oft von Mann zu Mann mit ihm sprach, und das würde ihm leid tun.

Placido schüttelte einfach den Kopf und sagte: «Du arbeitest dort nicht mehr. Fertig. Du bist auch zu jung, um die

young, anyway, to work the machine.” Leone pleaded to keep his job. Then Leone’s mother, Rosalia, squinting with thought, whispered in her husband’s ear. Then Placido said, “Okay. You finish the week. That’s all. And don’t beg me no more. And stand up straight.”

Broken-hearted, Leone didn’t tell Mr. Tempesta or Sylvia the next day that he would be quitting. As if to leave them with enough stock on hand until he was replaced, Leone, that one Tuesday afternoon, canned three times as much, 600 gallons. Filling the vats again, he mixed in color and flavor, so that tomorrow after school he could pack an equal number.

Tired, Leone went to the office up front. He sank in Mr. Tempesta’s stuffed chair, and sneaked a look up Sylvia’s crossed thighs, seeing almost to where her garter was attached. Sylvia was putting red polish on her nails.

Then he opened the tabloid to the pictures and captions in the middle pages. Betty Grable was in her bathing suit to show off her beautiful legs that were just insured by Lloyd’s of London for one million dollars. Air Force men shot down in the Atlantic survived eleven days in a lifeboat by eating their leather shoes and leather belts. President Roosevelt was signing a paper at his desk with other men standing around. Two cars were smashed head-on. Another car with its doors flung open was parked under the elevated, two guys slumping back dead in the front seat. The caption said they were Angelo Capone and Peppino Piscatelli. Leone swallowed a hunk of air that felt like a lead baseball in a home run to the pit of his stomach. Did Mr. Tempesta know his two friends from the gas station got murdered?

112 “Sylvia. Those guys. Who came in here. Those
113 ugly guys. You remember?”

Maschine zu bedienen.» Leone verteidigte sich, um seine Arbeit zu behalten. Da flüsterte Leones Mutter, Rosalia, die nachdenklich die Augen geschlossen hatte, ihrem Mann etwas ins Ohr. Placido sagte: «Okay. Du machst die Woche fertig. Das ist alles. Und bitte mich nicht länger. Und bleib ehrlich.»

Leone war todunglücklich und erzählte Mr. Tempesta und Sylvia am nächsten Tag nicht, daß er aufhören wolle. Um ihnen genügend Vorrat zu hinterlassen, bis sie für ihn Ersatz hatten, machte Leone an diesem Dienstag Nachmittag die dreifache Menge, 600 Gallonen. Er füllte die Bottiche wieder, gab Farbe und Geschmack dazu, so daß er morgen nach der Schule die gleiche Zahl schaffen könnte.

Müde ging Leone nach vorn ins Büro. Er sank in Mr. Tempestas Polsterstuhl, genehmigte sich einen Blick auf Sylvias gekreuzte Beine und sah fast bis zum Rand ihrer Strümpfe. Sylvia war gerade dabei, ihre Nägel rot zu färben.

Dann öffnete er die Zeitung bei den Bildern und Schlagzeilen auf den mittleren Seiten. Betty Grable im Badeanzug zeigte ihre schönen Beine, die gerade bei Lloyds in London für eine Million Dollar versichert worden waren. Männer der Air Force, die über dem Atlantik abgeschossen worden waren, überlebten elf Tage in einem Rettungsboot, indem sie ihre Lederschuhe und Ledergürtel aßen. Präsident Roosevelt unterzeichnete ein Papier an seinem Schreibtisch, um den herum noch ein paar andere Männer standen.

Zwei Autos waren frontal zusammengestoßen. In einem anderen Auto, das mit offenen Türen unter der Hochbahn stand, lagen zwei Männer tot auf den Vordersitzen. Im Text hieß es, sie seien Angelo Capone und Peppino Piscatelli. Leone schluckte und fühlte sich, als habe er einen Baseball in den Magen bekommen. Wußte Mr. Tempesta, daß seine beiden Freunde aus der Tankstelle umgebracht worden waren?

«Sylvia. Diese Männer, die hier waren. Diese häßlichen Kerle. Weißt du noch?»

"Yeah. It's a real shame, kid. But they wasn't family."

"Jesus. They got shot in the head," he said.

"They didn't have good manners. It's important to have good manners. What Tony always says," said Sylvia.

"They stood up. In the gas station. When me and Tony came in," said Leone.

"They came in here rude to a dame," said Sylvia. "But anyway. Tony did them a favor. Before they died. He gave them the same winning horse."

"It says. They were gangsters," said Leone.

"Yeah. They was. It's a real shame they got it," she said, blowing on her nails to dry the paint.

"Yeah. It's a real shame," said Leone, the bell ringing overhead as he went out. The next afternoon, he didn't go back to can the batch in the vats. And on Saturday morning he didn't go in to collect two days' pay either.

«Ja. Es ist eine Schande, Junge. Aber sie gehörten nicht zur Familie.»

«O Gott. Man hat sie in den Kopf geschossen», sagte er.

«Sie hatten keine guten Manieren. Es ist wichtig, gute Manieren zu haben, sagt Tony immer», sagte Sylvia.

«Sie standen auf, in der Tankstelle, als Tony und ich kamen», sagte Leone.

«Sie waren hier und waren grob zu einer Dame», sagte Sylvia. «Aber was soll's. Tony war nett zu ihnen, bevor sie starben. Er nannte ihnen das gleiche Siegerpferd.»

«Es heißt, sie waren Ganoven», sagte Leone.

«Ja. Waren sie. Es ist wirklich eine Schande, daß sie's gekriegt haben», sagte sie und blies auf ihre Nägel, damit die Farbe trocknete.

«Ja. Es ist wirklich eine Schande», sagte Leone, und die Glocke über der Tür klingelte, als er hinausging. Am nächsten Nachmittag ging er nicht wieder hin, um die Mischung in den Bottichen abzufüllen. Und am Samstag Morgen ging er nicht hin, um den Lohn für zwei Tage abzuholen.

Suddenly Frederick is not at her side. She stops and looks back. There he is, just standing there. He has dropped the duffel to the curb and is staring at his parents' house across the street. He rubs his black beard and shakes his head. Seeing this, she realizes he is facing a rare moment of indecision. He is probably on the very edge of turning around, of heading right back to the Trenton bus terminal, of taking the next bus west, all the way to New Mexico. Oh boy!

She goes back to him and grabs the duffel.

"This is the place, right?"

Before he can answer, she strides across the street, duffel on her shoulder. There's no way she's going to get on that bus again and recross the whole country right back to New Mexico without making the visit they'd come here to make. No way.

"Bert!" he shouts. She keeps walking. Her legs are long and she can move fast when she wants to. "Hey Bert!"

She's at the door – a gray clapboard two-family house. Gray and a little shoddy. Two bells, one for each family. "S. Mikowski." That would be it. What if S. Mikowski comes to the door with Frederick off down the street, retreating? What to say? "I'm the one living with your son and he said we should come all this way to see you but now he's hightailing it back to New Mexico and it may be another four years before you see him?" Brother!

She rings it anyway. At least they'll let her use the toilet before she gets on that bus again.

"Bert," he says, panting a little, right up beside
116 her. "For Chrissake."
117 Her finger jabs the bell again. Hurry up, she

Stephen Minot
Frederick kennenlernen

Plötzlich ist Frederick nicht mehr neben ihr. Sie bleibt stehen und schaut zurück. Da ist er, dort steht er. Er hat die Reisetasche auf den Bordstein fallen lassen und starrt auf das Haus seiner Eltern gegenüber. Er streicht seinen schwarzen Bart und schüttelt den Kopf. Wie sie das sieht, weiß sie, daß er, was selten vorkommt, unentschlossen ist. Er ist wahrscheinlich kurz davor sich umzudrehen, geradewegs zum Busbahnhof von Trenton zurückzulaufen und den nächsten Bus nach Westen zu nehmen, bis nach New Mexico. Junge, Junge!

Sie geht zu ihm zurück und schnappt die Tasche.

«Hier ist es, stimmt's?»

Bevor er antworten kann, schreitet sie über die Straße, die Tasche über der Schulter. Sie wird keinesfalls in den Bus einsteigen und durch das ganze Land nach New Mexico zurückfahren, ohne den Besuch gemacht zu haben, zu dem sie hergekommen sind. Keinesfalls.

«Bert!» ruft er. Sie läuft weiter. Sie hat lange Beine und kommt schnell voran, wenn sie will. «Hej Bert!»

Sie ist an der Tür – ein grau mit Schindeln verkleidetes Zweifamilienhaus. Grau und ein wenig schäbig. Zwei Klingeln, für jede Familie eine. «S. Mikowski». Das mußte es sein. Was, wenn nun S. Mikowski zur Tür kam, und Frederick die Straße hinunter floh? Was sollte sie sagen? «Ich bin die, die mit Ihrem Sohn zusammenlebt, und er sagte, wir sollten herkommen und Sie besuchen, und nun haut er ab zurück nach New Mexico, und es dauert vielleicht wieder vier Jahre, bis Sie ihn sehen?» Mann!

Sie klingelt trotzdem. Zumindest werden sie sie auf die Toilette lassen, bevor sie wieder zum Bus geht.

«Bert», sagt er, ein wenig keuchend, dicht neben ihr. «Um Gottes Willen.»

Ihr Finger drückt wieder auf die Klingel. Beeilt euch, sagt sie zu zwei Leuten, die sie überhaupt nicht kennt. Beeilt

says to two people she's never met. Hurry up and hang onto your crazy son before he makes tracks.

The door opens and a small, gray-haired woman has her arms around Frederick muttering, "Freddie, Freddie," her cheek pressing against his chest which is as high as she comes. She is clinging to him as if she too knows – maybe from long experience – that he is straining to get the hell out of there. *Freddie!* Imagine someone calling Frederick *Freddie!*

"Hey, good to see you," he says with that sheepish grin of his. "Yuh, really good." His voice is honest enough, but all the time he is unpeeling his mother's arms from around him like Tarzan in the Valley of Snakes. Bert stands there wondering if he'll hold it against her, forcing him to cross the street like that, shoving him into the arms of his parents.

He could have split, of course. It wouldn't have been the first time. But then he would have discovered that the return tickets are in the duffel.

It isn't like her to crowd him. That's one of the reasons they put up with each other – not crowding. There was a time – another life – when she tried to convert the world, set it right. She and everyone else knew. But the world shrugged them off and she quit trying. She and Frederick are not kids any more and they're careful to leave space between them and the world. And between each other. Except on occasion – like right now. After all, she owes something to her aching butt.

"I knew you'd come," his mother is saying, holding back tears. "I just knew you'd come."

It's clear she hasn't had any such assurance. Not until right now. Bert wasn't given much warning either. A letter came from his parents which he shrugged off and threw in the fire before she could read it. Then about three days later he announced that it might be a good idea to visit his parents back

euch und haltet euren verrückten Sohn fest, bevor er Leine zieht.

Die Tür öffnet sich, und eine kleine, grauhaarige Frau umarmt Frederick, murmelt «Freddie, Freddie», und preßt ihre Wange an seine Brust, bis dahin reicht sie ihm. Sie klammert sich an ihn, als wisse sie auch – vielleicht aus langer Erfahrung, daß er um jeden Preis wieder weg will. Freddie! Man stelle sich vor, jemand nennt Frederick Freddie!

«Hej, schön dich zu sehen», sagt er mit seinem einfältigen Grinsen. «Ja, wirklich schön.» Seine Stimme klingt ehrlich, aber die ganze Zeit versucht er sich den Armen seiner Mutter zu entwinden, wie Tarzan im Tal der Schlangen. Bert steht daneben und fragt sich, ob er ihr vorhalten wird, daß sie ihn gezwungen hat, die Straße zu überqueren, so war es doch gewesen, daß sie ihn in die Arme seiner Eltern gedrängt hat.

Er hätte sich natürlich von ihr trennen können. Es wäre nicht das erste Mal gewesen. Aber dann hätte er bemerkt, daß die Rückfahrkarten in der Reisetasche waren.

Es ist nicht ihre Art, ihn einzuengen. Das ist einer der Gründe, warum sie miteinander zurecht kommen – daß sie sich nicht einengen. Es gab eine Zeit – ein anderes Leben – in der sie die Welt zu bekehren, zurechtzurücken versuchte. Sie und alle andern wußten das. Aber die Welt schüttelte sie ab, und sie gab den Versuch auf. Sie und Frederick sind keine Kinder mehr, und sie bemühen sich, Raum zwischen sich und der Welt zu lassen. Und zwischen sich. Außer gelegentlich – wie gerade jetzt. Immerhin schuldet sie ihrer schmerzenden Blase etwas.

«Ich wußte, daß du kommst», sagt seine Mutter, Tränen zurückhaltend. «Ich wußte einfach, daß du kommst.»

Es ist klar, daß sie keineswegs sicher gewesen war. Nicht bis gerade eben. Auch Bert war nicht besonders vorgewarnt gewesen. Ein Brief kam von seinen Eltern, den er abtat und ins Feuer warf, bevor sie ihn lesen konnte. Dann verkündete er ungefähr drei Tage später, daß es vielleicht ein guter Gedanke wäre, seine Eltern in Trenton, New Jersey zu besu-

in Trenton, New Jersey. She could come or not. It was like when he first bought the cabin up in the mountains and announced he was leaving Taos and moving up there. She could come or not. Not shy; just giving her a choice with enough of a smile to let her know she'd be welcome. Men had all kinds of ways of asking for what they wanted, but his had class.

Frederick had succeeded in disentangling himself from his mother and is holding her at arms' length, smiling and telling her how good she looks, grinning and shaking his head in wonder, and keeping her there at arms' length.

"Oh, hey, this is Bert," he says with a flip of his head.

"Bert?"

"Bert."

The little hands which were reaching out for her son now take Bert's. "My," she says, "you're a tall one. Almost as tall as him." She speaks with a slight accent but Bert can't figure whether it's foreign or New Jersey, never having been this far east. The tone is warm and welcoming. No mistaking that.

"This is Anna," Frederick says. "I always called them Anna and Stan. I don't know why."

"Your father," Anna says, "he don't believe in 'Mother' and 'Father.' Me, I wouldn't have minded."

"I should have figured," Frederick says, grinning. By the look on his face it appears they won't be going back to the bus station for a while. Maybe, she thinks this is going to turn out O.K. after all.

"Anna!" A male voice shouts from inside. "Is that him? You're going to keep him outside like a stranger?"

The three of them make a move to enter the
120 little vestibule which serves both entrances, but
121 they don't fit – especially with Bert still holding the

chen. Sie könne mitkommen oder nicht. Es war wie damals, als er die Hütte in den Bergen gekauft hatte und bekanntgab, er werde nun Taos verlassen und dorthin ziehen. Sie könne mitkommen oder nicht.

Nicht schüchtern; er ließ ihr die Wahl mit einem Lächeln, das ihr klar machte, daß sie willkommen sei. Männer hatten alle möglichen Arten, um das zu bitten, was sie wollten, aber seine hatte Stil.

Frederick hatte es geschafft, sich von seiner Mutter loszumachen, und hielt sie auf Armeslänge von sich weg und lächelt und sagt ihr, wie gut sie aussieht, und grinst und schüttelt verwundert den Kopf, alles auf Armeslänge Distanz.

«Oh hej, das ist Bert», sagt er mit einer Kopfbewegung zu ihr herüber.

«Bert?»

«Bert.»

Die kleinen Hände, die nach ihrem Sohn gefaßt haben, nehmen nun die von Bert. «Meine Güte», sagt sie, «sind Sie groß. Fast so groß wie er.» Sie spricht mit einem leichten Akzent, aber Bert kann nicht erkennen, ob er ausländisch oder von New Jersey ist, da sie noch nie so weit im Osten war. Der Ton ist warm und einladend. Keine Frage.

«Das ist Anna», sagt Frederick. «Ich nannte die Eltern immer Anna und Stan. Ich weiß nicht warum.»

«Dein Vater», sagt Anna, «hielt nichts von ‹Mutter› und ‹Vater›. Mir hätte es nichts ausgemacht.»

«Hätte ich mir denken können», sagt Frederick grinsend. Seinem Gesichtsausdruck nach würden sie vorerst nicht zur Bushaltestelle zurück gehen. Vielleicht, denkt Bert, wird schließlich doch alles okay.

«Anna!» Eine Männerstimme ruft von drinnen. «Ist er es? Du willst ihn doch nicht etwa draußen lassen wie einen Fremden?»

Zu dritt wollen sie den kleinen Flur betreten, von dem aus die Türen zu den beiden Zimmern führen, aber es geht nicht, besonders da Bert die Tasche über der Schulter

duffel on her shoulder. They back out and try again, first Anna and her son, then Bert with the duffel.

Inside, the living room is dark in the old tradition – dark varnished woodwork, dark drapes over lace curtains over half-pulled window shades. Bert's childhood was spent in a house which was also kept dark, but it was larger.

There in the center of things in an old Morris chair is a man with a blanket over his knees. It must be Stan.

"What took you so long?" Stan says. *Gray*, Bert thinks. Gray bushy eyebrows, gray thinning hair; even his skin is gray. "Expected you days ago."

"We decided to walk," Frederick says. *Uh-oh*, Bert thinks. This is going to be bristly. "Oh, hey, this is Bert," Frederick adds.

"Bert?" Stan says, eyebrows leaping. "What kind of a name is that?" It has been her way of hiding the repulsiveness of *Bertha*, but not even Frederick knows that. "Bert what? She has a last name?"

"Bert Reynolds," Frederick says.

"Sounds familiar. A singer or something. Say, you two married?"

Right then she can tell this is going to be a swell visit. "No, we're not." She braces herself, feeling like a kid again.

"Good," he says, throwing her off balance. "Marriage is just a tool of the church. Like christening. He's not christened, you know."

Should she gasp? Swoon? Why hadn't Frederick warned her what she'd be facing? What *had* he said about Stan? Only that he was forever in trouble with the union. And also with the company. It didn't make sense then. But it does now.

"You still living in Mexico?" he says to Frederick.

trägt. Sie gehen wieder hinaus und versuchen es noch einmal, zuerst Anna und ihr Sohn, dann Bert mit der Tasche.

Innen ist das Wohnzimmer, dunkel in alter Tradition – dunkel lackiertes Holz, dunkle Vorhänge über Spitzengardinen über halb heruntergelassenen Rolläden. Bert hatte ihre Kindheit auch in einem Haus verbracht, das dunkel gehalten wurde, aber es war größer.

Inmitten all der Sachen sitzt ein Mann mit einer Decke über den Knien in einem alten Rollstuhl. Das muß Stan sein.

«Wieso hast du so lange gebraucht?» fragt Stan. Grau, denkt Bert. Graue, buschige Augenbrauen, graues, dünnes Haar; sogar seine Haut ist grau. «Habe dich schon vor Tagen erwartet.»

«Wir haben beschlossen zu laufen», sagt Frederick. Oje, denkt Bert. Es wird haarig. «Oh hej, das ist Bert», fügt Frederick hinzu.

«Bert?» fragt Stan mit hochgezogenen Augenbrauen. «Was ist denn das für ein Name?» Sie will damit den unangenehmen Geschmack des Namens Bertha verbergen, aber nicht einmal Frederick weiß das. «Bert – und wie noch? Hat sie einen Nachnamen?»

«Bert Reynolds», sagt Frederick.

«Klingt irgendwie bekannt. Sängerin oder sowas. Sagt, seid ihr verheiratet?»

Da wird ihr klar, daß dies ein toller Besuch wird. «Nein.» Sie reißt sich zusammen und fühlt sich wieder wie ein Kind.

«Gut», sagt er und bringt sie aus der Fassung. «Die Ehe ist nur ein Werkzeug der Kirche. Wie die Taufe. Er ist nicht getauft, wissen Sie.»

Sollte sie nach Luft schnappen? Ohnmächtig werden? Warum hatte Frederick sie nicht vor dem gewarnt, was sie hier antreffen würde. Was hatte er über Stan gesagt? Nur, daß er für immer mit der Gewerkschaft gebrochen hatte. Und mit der Firma. Es ergab damals keinen Sinn. Aber jetzt ergab es einen.

«Wohnst du noch in Mexiko?» fragt er Frederick.

"*New* Mexico."

"It's still nowhere."

"He's come back to see you," Anna says brightly, "all the way from . . ."

"Tell me he's come back to take a job and get involved and I'll blow bugles."

"Never mind the bugles," Frederick says, his voice smoothed out now. "How about trying to be friendly."

"Friendly?" He turns to Bert. "Have I said a thing unfriendly? Did I call him a traitor to the working class and to his country? Did I use the word turncoat?"

Bert shakes her head.

"Later," Stan says. "Later I say all that to him. And more. Right now a little brandy to toast the return of the prodigal son."

Prodigal? There's been nothing prodigal about Frederick for as long as she's known him. Working as a night clerk in a crummy motel in Taos when she first met him. Then scrounging for a living up there in the mountains for three years in the cabin they shared – him poaching wood from the state park, taking odd jobs at the ski lodge. She made some money from her pottery, once she got things set up, but it never gave them enough to open a bank account and he never complained. Living poor and independent came naturally to him.

Anna pours brandy from an ornate decanter and they raise their little glasses in a toast. "To the working class," Stan says and they sip. "Solidarity," and they sip again. Bert winces at the taste. She's forgotten the way hard liquor burns.

"To return," Anna says. She raises her glass but Stan shakes his head.

 "What kind of toast is that? 'To return.' Return
 what?"

«New Mexico.»

«Das ist auch nirgendwo.»

«Er ist zurückgekommen, um dich zu sehen», sagt Anna heiter, «die ganze Strecke von ...»

«Sag mir, daß er zurückgekommen ist, um eine Arbeit zu suchen und sich einzuleben, und ich werde ein Signal blasen.»

«Vergiß die Signale», sagt Frederick am Rand der Beherrschung. «Wie wäre es, wenn wir versuchten, freundlich zu sein?»

«Freundlich?» Er wendet sich an Bert. «Habe ich etwas Unfreundliches gesagt? Habe ich ihn einen Verräter an der Arbeiterklasse und an seinem Land genannt? Habe ich das Wort ‹Überläufer› gebraucht?»

Bert schüttelt den Kopf.

«Später», sagt Stan. «Später werde ich ihm all das sagen. Und noch mehr. Doch nun einen kleinen Brandy, um auf die Rückkehr des verschwenderischen Sohnes anzustoßen.»

Verschwenderisch? Seit sie Frederick kennt, ist nichts Verschwenderisches an ihm gewesen. Er arbeitete als Nachtportier in einem schäbigen Motel, als sie ihn kennenlernte. Dann schlugen sie sich drei Jahre lang dort oben in den Bergen durch, in der Hütte, die sie teilten – er stahl Holz aus dem Staatswald und übernahm Gelegenheitsarbeiten in der Skihütte. Sie verdiente etwas Geld mit ihrer Töpferei, sie machte sogar ein Geschäft auf, aber sie hatten nie genug, um ein Konto zu eröffnen, und er beklagte sich nie. Arm und unabhängig zu leben wurde für ihn zur Selbstverständlichkeit.

Anna schenkt Brandy aus einer zierlichen Karaffe ein, und sie erheben die kleinen Gläser. «Auf die Arbeiterklasse», sagt Stan, und sie nippen. «Solidarität», und sie nippen wieder. Bert zuckt zusammen. Sie hat vergessen, wie starker Alkohol brennt.

«Auf die Wiederkehr», sagt Anna. Sie hebt ihr Glas, aber Stan schüttelt den Kopf.

«Was ist das für ein Trinkspruch? Auf die Wiederkehr? Welche Wiederkehr?»

"She means *reunions*," Frederick says.

"Don't speak for her," Stan says. "She's American."

"That's what you mean, right? Anna? You mean *reunions*."

"If she'd meant *reunions*, she would have said *reunions*," Stan says.

"Sometimes she doesn't get the right word."

"Hey," Bert says, "let her speak for herself."

Utter silence. Everyone looks at her in embarrassment. *Uh-oh*, she thinks, I don't have a vote yet.

"It's only words," Anna says with a shrug. She turns to Bert. "Come talk to me while I get supper." Bert follows, feeling herself nudged back into the previous century.

The kitchen is a smaller version of the one she remembers from her childhood. In their section of Columbus the houses were one-family and larger. The porches were called verandas. But the kitchens were like this one: mustard walls with dark oak cabinets, soapstone sinks, white metal tables, calendars with cows or kittens. Yes, and the ceiling of pressed metal, mottled with layers of paint. As a kid she thought it oppressive. But now with her parents dead and the house torn down, this room gives her a comfy, at-home feeling. What was it back then that made her feel caged?

"You sit there," Anna says, "and tell me about Mexico while I do these things."

"*New* Mexico," Bert says.

"It's all the same to me. Would you believe it, I've been out of New Jersey only three times since I came to this country as a girl, and then just to New York."

"Those must have been special times."

"Oh yes. A funeral. No, two funerals, And when
126 Freddie went off to Sweden."

127 Sweden? Frederick never mentioned going to

«Sie meint Wiedersehen», sagt Frederick.

«Sprich nicht für sie», meint Stan. «Sie ist Amerikanerin.»

«Das meinst du doch, oder? Anna? Du meinst doch Wiedersehen.»

«Wenn sie Wiedersehen gemeint hätte, hätte sie Wiedersehen gesagt», sagt Stan.

«Manchmal fällt ihr nicht das richtige Wort ein.»

«Hej», sagt Bert, «laßt sie für sich selbst sprechen.»

Vollkommene Stille. Jeder schaut sie verwirrt an. Oho, denkt sie, ich habe noch keine Stimme.

«Das sind nur Worte», sagt Anna mit einem Achselzukken. Sie wendet sich an Bert. «Komm und erzähl mir, während ich das Abendessen mache.» Bert folgt ihr und fühlt sich ins vorige Jahrhundert zurückversetzt.

Die Küche ist die kleinere Ausgabe von der, die sie aus ihrer Kindheit kennt. In ihrem Viertel von Columbus gab es größere Einfamilienhäuser. Die Vorplätze nannte man Veranda. Aber die Küchen waren wie diese: senffarbene Wände mit dunklen Eichenschränken, Ausgüsse aus Speckstein, weiße Metalltische, Kalender mit Kühen oder Kätzchen. Ja, und die Decke aus gepresstem Metall, gesprenkelt mit Farbe. Als Kind fand sie es bedrückend.

Aber nun, da ihre Eltern tot sind, und das Haus abgerissen ist, fühlt sie sich in diesem Raum behaglich und heimisch. Was war es damals, das sie an einen Käfig erinnerte?

«Setz dich hierher», sagt Anna, «und erzähl mir von Mexiko, während ich alles fertig mache.»

«New Mexico», sagt Bert.

«Für mich ist es das Gleiche. Glaubst du mir, daß ich nur dreimal aus New Jersey weg war, seit ich als kleines Mädchen in dieses Land kam, und dann nur bis nach New York.»

«Das müssen besondere Gelegenheiten gewesen sein.»

«Oh ja. Eine Beerdigung. Nein, zwei Beerdigungen. Und als Freddie nach Schweden flog.»

Schweden? Frederick hatte Schweden niemals erwähnt,

Sweden, not even in his sleep. "When was that?" Bert asks, trying to sound very casual.

"You know, when they draft everyone." She shakes her head. "What a bad time!"

Bert keeps quiet. As far as she knows, Frederick just failed to register, kept moving around, stayed clear of the whole thing. Whenever she tries to tell him what she was doing back then – the organizing, the New York March, the Washington Demonstration, getting locked up, quitting college – whenever she tries to share all that with him he only smiles and shrugs. Did he tell them he was abroad just so he wouldn't have to write home?

"A bad time," Bert says.

"Bad," Anna says. "Even for Stan."

Supper is awkward – the three of them eating on a wobbly card table and Stan staying in the Morris chair with a board across the arms. He apparently either cannot or will not leave that chair. There is a dining room with a big table covered with a lace tablecloth, but no one suggests using it.

Bert cannot see Stan without turning around, but she sure can hear him. He spends most of the meal instructing his son on the state of the working class. It is not good. It's all been downhill since the McCarthy purges after the war. And of course Taft-Hartley. Bert hopes she won't be asked about Taft-Hartley. She recalls that it was a stab in the back for the working man, but she can't remember just how. Union leadership, Stan informs them, has turned into a bunch of fat cats. The rank and file is now too young to remember the Depression and is hooked on bourgeois addictions – color TV and a car for every kid. Government and management sleep in the same bed, both using unemployment and bogus threats of bankruptcy to keep unions weak and profits high: When the chips are down, they'll ask sacrifices of the rank and file

nicht einmal im Schlaf. «Wann war das?» fragt Bert und versucht, gleichgültig zu klingen.

«Weißt du, als sie jeden eingezogen haben.» Sie schüttelt den Kopf. «Was für eine schlimme Zeit!»

Bert schweigt. Soweit sie weiß, schaffte Frederick es, einfach nicht erfaßt zu werden, zog umher, blieb von der ganzen Sache verschont. Immer wenn sie versucht, ihm zu erzählen, was sie damals machte – das Organisieren, der Marsch nach New York, die Demonstration in Washington, die Verhaftung, das Aufgeben der Universität – immer wenn sie versucht, all das mit ihm zu teilen, lächelt er nur und zuckt die Schultern. Erzählte er ihnen, er sei im Ausland, nur damit er nicht nach Hause schreiben mußte?

«Eine schlimme Zeit», sagt Bert.

«Schlimm», sagt Anna. «Sogar für Stan.»

Das Abendessen ist seltsam – die drei essen an einem wackelnden Spieltisch, und Stan bleibt im Rollstuhl mit einem Tablett auf den Armlehnen. Anscheinend kann oder will er den Stuhl nicht verlassen. Es gibt ein Eßzimmer mit einem großen Tisch, auf dem eine Spitzendecke liegt, aber niemand schlägt vor es zu benutzen.

Bert kann Stan nicht sehen, ohne sich umzudrehen, aber sie kann ihn sehr genau hören. Er verbringt den größten Teil des Essens damit, seinen Sohn über den Zustand der Arbeiterklasse zu unterrichten. Der sei nicht gut. Seit den McCarthy-Verhören nach dem Krieg sei alles bergab gegangen. Und natürlich Taft-Hartley. Bert hofft, daß sie nicht auf Taft-Hartley angesprochen wird. Sie erinnert sich, daß es ein Schlag in den Rücken der Arbeiter war, aber sie weiß einfach nicht mehr, wieso. Die Gewerkschaftsführung, erklärt Stan ihr, sei eine Horde von fetten Katzen geworden. Die breite Masse sei zu jung, um sich an die Depression zu erinnern und stellte bürgerliche Ansprüche – einen Farbfernseher und ein Auto für jedes Kind. Regierung und Arbeitgeber schliefen im gleichen Bett, und beide benutzten die Arbeitslosigkeit und falsche Bankrottdrohungen, um die Gewerkschaften schwach und die Gewinne hoch zu halten. Wenn die Aktien fielen, verlangten sie Opfer von den breiten Massen, wäh-

while giving the fat cats obscene bonuses. Whatever the state of the economy, they'll salvage their profits and their tax loopholes with workingmen's jobs and Frederick had better believe it.

"I sure do," Frederick says, his mouth filled with macaroni und kielbasa. "I believe. I be-*lieve*."

Oh God, Bert thinks, this is not time for sarcasm. But incredibly neither parent notices Frederick's tone.

"You'd better," Stan says, "because it's up to you kids now." Kids? Bert at 30 and Frederick probably older. "You can't let this world just turn on its own, you know."

"I know, I know," Frederick says, finishing off his beer and wiping his lips on his sleeve. "Really."

"You know? What do you know? Way off there in Mexico..."

"*New* Mexico, Stan."

"New, old, whatever. Might as well be Sweden."

The conversation skips a beat. "That was a long time ago," Frederick says at last.

"You'll never bring about progress if you go slinking off to the corners of the earth. You have to be in the center of things. Solidarity's the only weapon you have. What can you do way off there in Mexico?"

"Jesus, it's *New* Mexico, Stan. A part of the U. S. of A. How many times..."

"I'm asking you, What can you do there?"

"Nothing." Frederick shrugs, smiles. "Really."

Bert feels a flash of sympathy for Stan. She know what it is to face that shrug and smile. That's what she gets when she points out that they're running low on supplies or the truck needs oil or the park ranger's been snooping around, asking about who's been taking firewood from govern-
130 ment land. "That's serious," Frederick always says.
131 "Really," he says, nodding, agreeing.

rend sie den fetten Katzen unanständige Prämien zahlten. Wie der Zustand der Wirtschaft auch sei, sie sicherten ihre Gewinne und Steuerschlupflöcher durch den Hinweis auf die Arbeitsplätze, und Frederick tue gut daran, es zu glauben.

«Sicher», sagt Frederick, den Mund voller Makkaroni und Knoblauchwurst. «Ich glaube es. Ich glau-be es.»

Oh Gott, denkt Bert, dies ist nicht die Zeit für beißenden Spott. Aber erstaunlicherweise bemerkt keiner der Eltern Fredericks Tonfall.

«Das solltest du», sagt Stan, «weil es jetzt an euch jungen Leuten ist.» Junge Leute? Bert mit 30 und Frederick wahrscheinlich älter. «Ihr könnt diese Welt nicht einfach sich selbst überlassen, wißt ihr.»

«Ich weiß, ich weiß», sagt Frederick während er sein Bier austrinkt und sich den Mund am Ärmel abwischt. «Wirklich.»

«Du weißt es? Was weißt du? Dort unten in Mexiko ...»

«New Mexico, Stan.»

«Neu, alt, was soll's. Es könnte ebenso gut Schweden sein.»

Die Unterhaltung stockt. «Das war vor langer Zeit», sagt Frederick schließlich.

«Du wirst nie etwas für den Fortschritt tun, wenn du dich in einen Winkel der Erde verkriechst. Man muß im Mittelpunkt der Dinge sein. Solidarität ist die einzige Waffe, die du hast. Was kannst du da unten in Mexiko tun?»

«Mein Gott, es ist New Mexico, Stan. Ein Teil der USA. Wie oft ...»

«Ich frage dich: Was kannst du dort tun?»

«Nichts.» Frederick zuckt die Schultern und lächelt. «Wirklich.»

Bert fühlt Zuneigung zu Stan aufblitzen. Sie weiß, wie es ist, diesem Schulterzucken und Lächeln gegenüber zu stehen. Sie bekommt es, wenn sie erklärt, daß ihre Vorräte ausgehen, daß der Lieferwagen Öl braucht, oder daß der Parkaufseher herumgestöbert und gefragt hat, wer Feuerholz aus dem Staatswald geholt habe. «Das ist ernst», sagt Frederick dann. «Wirklich», sagt er und nickt zustimmend.

She called him on it once, told him it could be aggravating at times. "That's not your ordinary pleasantry," he told her. "That's Zen. The Zen alternative to combat."

After dinner comes the evening news on television with a running commentary from Stan. "Hot line to the White House," Frederick mutters through cupped hands, making it sound like a long-distance call, but no one responds.

As soon as it is over, Stan is helped up the stairs by both women. Bert wonders what on earth Anna does by herself. It's not the weight – he's lighter than their duffel bag. But he doesn't seem to have any muscles left in his legs and has to be lifted from both sides. She can hardly believe that he retired only two years before. Already he is an old man.

Downstairs Frederick is still watching television with the sound turned low. It is an old black-and-white set. He has the other lights turned off. Bert tries to recall the last time she actually sat down to watch an entire program. Certainly not up in the mountains since they have no electricity there. Back in Taos, she used to watch bits and pieces of programs out of the corner of her eye while drinking beer in bars, but never straight on.

"It makes your face all gray," she says to Frederick. "Weird."

"Radioactive," Frederick says. "I'm being reduced to ash in Trenton, New Jersey."

"Don't be worrying," Anna says, joining them. "Stan says it's only color that's dangerous. But you ought to have other lights on." She goes around turning on three floor lamps. She makes Frederick's face looks normal again. "Your father only watches the news."

"Sure puts him in a great mood," Frederick says without turning around.

Sie hatte ihn einmal darauf angesprochen und ihm gesagt, es könne manchmal ärgerlich sein. «Das ist eben nicht eure übliche Freundlichkeit», erklärte er ihr. «Es ist Zen. Die Alternative des Zen zum Streit.»

Nach dem Abendessen kommen die Nachrichten am Fernsehen mit einem laufenden Kommentar von Stan. «Heißer Draht zum Weißen Haus», murmelt Frederick durch die vorgehaltenen Hände, so daß es sich wie ein Ferngespräch anhört, aber niemand geht darauf ein.

Sobald es vorbei ist, helfen die beiden Frauen Stan die Treppe hinauf. Bert fragt sich, was um alles in der Welt Anna tut, wenn sie allein ist. Es ist nicht das Gewicht – er ist leichter als ihre Reisetasche. Aber in seinen Beinen scheinen keine Muskeln mehr zu sein, und er muß von beiden Seiten gestützt werden. Sie kann kaum glauben, daß er erst vor zwei Jahren aufhörte zu arbeiten. Er ist schon ein alter Mann.

Unten sieht Frederick noch fern, hat aber den Ton leiser gedreht. Es ist ein altes Schwarz-Weiß-Gerät. Die anderen Lampen hat er ausgeschaltet. Bert versucht sich zu erinnern, wann sie sich das letzte Mal wirklich hingesetzt und ein ganzes Programm gesehen hat. Sicher nicht oben in den Bergen, da sie dort keinen Strom haben. Zuvor in Taos sah sie Stückchen und Teile von Programmen aus dem Augenwinkel, wenn sie in Kneipen ein Bier trank, aber niemals bewußt.

«Es macht dein Gesicht ganz grau», sagt sie zu Frederick. «Seltsam.»

«Radioaktiv», sagt Frederick. «In Trenton, New Jersey werde ich in Asche verwandelt.»

«Mach dir keine Sorgen», sagt Anna, indem sie dazu kommt. «Stan sagt, nur die Farbfernseher sind gefährlich. Aber du solltest mehr Licht machen.» Sie geht umher und dreht drei Stehlampen an. Sie erreicht, daß Fredericks Gesicht wieder normal aussieht. «Dein Vater schaut nur die Nachrichten.»

«Macht ihm sicher viel Spaß», sagt Frederick ohne sich umzudrehen.

"He wouldn't miss it for anything."

They watch an almost silent high-speed chase through mountain roads. The lead car goes over the cliff, rolls down the mountainside, smashes into a boulder and bursts into flames. The camera shows an unconscious man trapped in the flames.

"How bad *is* he?" Frederick asks.

"Who?" Anna says.

"Who do you think? Stan, that's who."

"He's fine."

Now they're watching a split screen. On one side a woman is on her knees scrubbing the floor with a brush; on the other a woman is using a sponge mop and some liquid. The one with the sponge mop keeps smiling and smiling.

"Fine? What'd you mean, *fine?*"

"They say he's doing real well, considering."

"Considering he's got cancer – is that it?"

"It's a blood disease. A long name. I've got it written down somewhere. No one ever said anything about cancer."

"I'll bet."

That night Frederick is not his usual self. He sits on the edge of the bed sipping his beer from the can. It's more like him to flop down like a great dog, sigh once, and drift off to sleep. If he doesn't close his eyes right away it means he feels loving. But tonight he just sits there in his undershorts, his back to her.

"What's the trouble?" she asks.

"The bus trip."

"It's over."

"Not for me. I can still feel it. Like the room's rocking."

"We've got a real bed tonight." She reaches out and touches him tentatively on the back. He twiches like a dog shaking off a fly. Oh boy, she thinks, something heavy going on.

«Er würde sie um nichts in der Welt versäumen.»

Sie sehen eine fast stumme Verfolgungsjagd über Bergstraßen. Das vordere Auto fährt über eine Klippe, rollt den Abhang hinunter, zerschellt an einem Felsen und bricht in Flammen aus. Die Kamera zeigt einen bewußtlosen Mann, der in den Flammen gefangen ist.

«Wie schlecht geht es ihm?» fragt Frederick.

«Wem?» sagt Anna.

«Was glaubst du? Stan, wem sonst.»

«Es geht ihm gut.»

Nun sehen sie einen geteilten Bildschirm. Auf der einen Seite schrubbt eine Frau auf den Knien den Boden mit einer Bürste; auf der andern benutzt eine Frau einen Wischmop und eine Flüssigkeit. Die mit dem Wischmop lächelt unentwegt.

«Gut? Was meinst du mit gut?»

«Sie sagen er hält sich ganz gut, wenn man bedenkt.»

«Wenn man bedenkt, daß er Krebs hat – ist es das?»

«Es ist eine Blutkrankheit. Ein langer Name. Ich habe es irgendwo aufgeschrieben. Niemand sagte je etwas von Krebs.»

«Kann ich mir denken.»

An diesem Abend ist Frederick nicht wie sonst. Er sitzt auf der Bettkante und trinkt ein Bier aus der Dose. Üblicherweise läßt er sich wie ein großer Hund hinplumpsen, seufzt einmal und versinkt in Schlaf. Wenn er nicht gleich die Augen schließt, bedeutet es, daß ihm nach Liebe zumute ist. Aber heute abend sitzt er einfach in Unterhosen da, mit dem Rücken zu ihr.

«Was quält dich?» fragt sie.

«Die Busfahrt.»

«Sie ist vorbei.»

«Nicht für mich. Ich kann es noch spüren. Wie wenn das Zimmer schaukelt.»

«Wir haben heute nacht ein richtiges Bett.» Sie streckt die Hand aus und berührt prüfend seinen Rücken. Er zuckt zusammen wie ein Hund, der eine Fliege abschüttelt. Oh Junge, denkt sie, etwas Bedeutungsvolles geschieht.

The next two days move so slowly Bert has the feeling they've been there a week. The routine is simple enough: Get Stan down in the morning, serve him beakfast, wash dishes with Anna, help Stan to the bathroom, shop with Anna, lunch, read in the afternoon, a light supper, watch the news with Stan's political commentary, return Stan to his bedroom. She waits for the monotony of it to get to her. It is the kind of routine which makes daughters leave home at an early age.

But it is not the monotony which gets to her. It's the tension. From Stan she gets only political instruction, and from Frederick mostly silence. The only two-way conversations she is allowed are with Anna. Two-way but cautious. Safe topics like the slow decline of the neighborhood, the price of chicken. Occasionally Stan is mentioned. Bert learns that his health went to pieces the month he retired and was cut off from friends at work and at the union hall. No mention of blood diseases.

Bert learns what Stan can and cannot eat and points out that there are plenty of things Frederick won't eat, but they both know this is not the same at all and the conversation dies. When Bert responds to the high price of fuel oil with the fact that she and Frederick burn nothing but wood, Anna is quietly astonished. "Sounds like the old country," she says, shaking her head. "Poor souls, didn't even have a flush toilet."

"Neither do we."

Anna stops beating the whites of eggs for a moment, looks to see if Bert is serious, then resumes beating. "Stan thinks Freddie would have a better chance of finding work here than out there."

"He's not exactly looking for a job."

"I didn't mean it critical. Nothing to be ashamed about, not having a job these days. Especially out there. I just mean Stan still has some friends with

Die nächsten beiden Tage vergehen so langsam, daß Bert das Gefühl hat, sie seien schon eine Woche da. Der Tagesablauf ist ganz einfach: Stan am Morgen herunterbringen, ihm Frühstück geben, mit Anna Geschirr spülen, Stan ins Bad bringen, mit Anna einkaufen gehen, Mittagessen, lesen am Nachmittag, ein leichtes Abendessen, die Nachrichten sehen mit Stans politischem Kommentar, Stan in sein Schlafzimmer zurückbringen. Sie wartet darauf, daß die Eintönigkeit ihr zusetzt. Es ist die Art von Gleichmaß, wegen der Töchter früh ihr Zuhause verlassen.

Aber es ist nicht die Eintönigkeit, die ihr zusetzt. Es ist die Anspannung. Von Stan erhält sie nur politische Belehrungen, von Frederick fast nur Schweigen. Das einzige Wechsel-Gespräch, das ihr erlaubt ist, hat sie mit Anna. Hin und her, aber behutsam. Sichere Themen wie der Verfall der Nachbarschaft, der Preis für Geflügel. Gelegentlich wird Stan erwähnt. Bert erfährt, daß er in dem Monat krank wurde, als er aufhörte zu arbeiten und von seinen Freunden und den Gewerkschaftstreffen abgeschnitten war. Nichts über Blutkrankheiten.

Bert erfährt, was Stan essen kann und was nicht und erzählt, daß es viele Dinge gibt, die Frederick nicht ißt, aber sie wissen beide, daß das ganz und gar nicht das Gleiche ist, und die Unterhaltung hört auf. Als Bert auf den hohen Heizölpreis mit dem Hinweis darauf antwortet, daß sie und Frederick nur Holz verbrennen, ist Anna auf ruhige Weise erstaunt. «Hört sich an wie in alten Tagen», sagt sie und schüttelt den Kopf. «Die Ärmsten, hatten nicht einmal eine Toilette mit Spülung.»

«Haben wir auch nicht.»

Anna hört einen Augenblick auf, Eiweiß zu schlagen, schaut ob Bert es ernst meint und fängt wieder an zu schlagen. «Stan meint, Freddie hätte hier bessere Chancen Arbeit zu finden als dort draußen.»

«Er sucht nicht unbedingt Arbeit.»

«Ich habe es nicht abwertend gemeint. Man muß sich nicht schämen, wenn man in dieser Zeit keine Arbeit hat. Besonders dort draußen. Ich meine einfach, Stan hat immer

the union, you know, and maybe he could fix something up. But don't tell Freddie this is Stan's idea. The boy doesn't take to his father's suggestions."

"I've noticed."

"It's always been like that. Maybe it's having just the one. Stan's spent his life trying to shape the boy. I don't know, maybe that's just too much shaping."

That night when Bert and Frederick are alone in the little room Frederick had as a child she asks him casually – with her stomach clenched – whether he would ever consider coming back East to stay. He nods, sips his beer, strokes his beard and says, "Yes, really." A little pause. "Like when I'm dead."

She throws a pillow at him and he grabs her wrist, pulls her off the chair and onto the bed and they tussle until her beer spills. Somehow that breaks the mood and they sop the foam up from the blankets with his undershirt, she thinking about getting all this stuff into the old washer in the basement. Back home they'd be rolling in that wet bedding right now.

"So he finally got to you," Frederick says, settling on the far side of the bed, his back to the wall. He is quietly amused.

"Who he?"

"Who else but my scheming father? Offered me a job, I'll bet, through you. Security unto death." She shakes her head, pleased to catch him off base. "O. K.," he says, "it went from Stan to Anna and from Anna to you and, zap, to me."

"Something like that," she says. "Hey, speaking of secrets, what's this about Sweden? You told them you went to Sweden?"

Frederick goes serious, stares across the room as if she isn't there. *Uh-oh,* she thinks, heavy stuff again. Too late to back off.

noch Freunde bei der Gewerkschaft, weißt du, und vielleicht könnte er etwas ausrichten. Aber sag Freddie nicht, daß es Stans Einfall ist. Der Junge mag die Vorschläge seines Vaters nicht.»

«Das habe ich bemerkt.»

«Es war schon immer so. Vielleicht weil wir nur ein Kind haben. Stan verbrachte sein Leben damit, den Jungen zu prägen. Ich weiß nicht, aber vielleicht war es zu viel.»

Am Abend als Bert und Frederick allein in dem kleinen Zimmer sind, das Frederick als Kind gehabt hat, fragt sie ihn nebenbei – mit einem Krampf im Magen – ob er jemals erwägen werde, wieder ganz in den Osten zurück zu kommen. Er nickt, nippt an seinem Bier, streicht sich über den Bart und sagt: «Ja natürlich.» Eine kleine Pause. «Zum Beispiel wenn ich tot bin.»

Sie wirft ein Kissen nach ihm, und er greift nach ihrem Handgelenk, zieht sie vom Stuhl aufs Bett und sie balgen sich, bis sie ihr Bier verschüttet. Irgendwie zerstört das die Stimmung, und sie tupfen den Schaum mit seinem Unterhemd von den Laken, und sie denkt daran, daß sie all das Zeug in die alte Waschmaschine im Keller bringen muß. Zuhause würden sie sich jetzt in dem nassen Bettzeug wälzen.

«Also hat er dich endlich so weit», sagt Frederick und läßt sich am andern Ende des Bettes nieder, den Rücken zur Wand. Er ist stillvergnügt.

«Wer er?»

«Wer sonst als mein Ränke schmiedender Vater? Ich wette, er bietet mir durch dich einen Job an. Sicherheit bis zum Tod.» Sie schüttelt den Kopf, erfreut, ihn aus dem Gleichgewicht zu haben. «Gut», sagt er, «es lief von Stan über Anna zu dir und, zack, zu mir.»

«So ungefähr», sagt sie. «Hej, von wegen Geheimnisse, was war mit Schweden? Du hast ihnen erzählt, du gingst nach Schweden?»

Frederick wird ernst, starrt in den Raum, als wäre er nicht da. Ohje, denkt sie, wieder dicke Luft. Zu spät, den Rückzug anzutreten.

"Oh, yuh," he says. "Sweden. I went there."

"How come you never mentioned it?"

"What's it to you?"

She feels a flash of resentment. For a guy who likes to make love in the daylight, he sure is modest about his life. "Just curious," she says. "I mean, I got the impression that when I was being a political, you were just kind of laying low. So you were involved after all."

He shrugged. "It's complicated. Really. I mean, no, I wasn't exactly being political. At least not at first. I just wanted to stay clear. But then they indicted me. It was jail or Sweden. I didn't like the idea of jail. Too much like home."

"What was it like? – Sweden."

"Well the Americans there were divided between liberals and radicals. I drifted into the radical camp. It was sort of like being home – only worse. I felt kind of trapped. You wouldn't believe how long it stays dark in the winter."

"But Stan must have been real proud of you."

"That's what I thought. He hated that war even when the French were doing the killing – back before I was born. Imperialist war, he called it. But when I actually bought the one-way ticket to Stockholm, he wouldn't even see me off. Anna came alone. Up to New York. Well, he's first generation, you know. Leaving this beloved country means things to him I'll never understand."

"Didn't he ever tell you how he felt?"

"Tell me? Since I was two years old he's been telling me what he feels. At ten I knew more about labor history than any shop steward I ever met." Frederick stops, grins, sips his beer. "So at twelve I just stopped listening to him. Easy as that."

"Doesn't sound all that easy to me," she says.

140 At lunch the next day Stan's lecture is on the
141 history of proletarian rebellions in his lifetime. He

«Oh ja», sagt er. «Schweden. Ich war dort.»

«Wieso hast du es niemals erwähnt?»

«Was bedeutet es für dich?»

Sie spürt einen leichten Groll. Für einen Mann, der gern bei Tageslicht liebt, ist er ziemlich zurückhaltend, was sein Leben betrifft. «Ich bin einfach neugierig», sagt sie. «Ich meine, ich hatte den Eindruck, daß du, während ich politisch tätig war, einfach rumgehangen hast. Aber immerhin warst du auch mit hineingezogen.»

Er zuckte die Schultern. «Es ist schwierig. Wirklich. Ich meine, nein, ich war nicht so richtig politisch. Zumindest nicht am Anfang. Ich wollte mich raushalten. Aber dann verklagten sie mich. Es hieß Gefängnis oder Schweden. Gefängnis gefiel mir nicht. Zu sehr wie zu Hause.»

«Wie war das? – Schweden.»

«Nun, man unterschied die Amerikaner dort nach Liberalen und Radikalen. Ich trieb ins radikale Lager ab. Es war so ähnlich wie zu Hause – nur schlimmer. Ich fühlte mich wie in einer Falle. Du glaubst nicht, wie lange es im Winter dunkel bleibt.»

«Aber Stan muß doch stolz auf dich gewesen sein.»

«Das dachte ich auch. Er haßte den Krieg sogar, als die Franzosen das Töten besorgten – vor meiner Geburt. Imperialistischen Krieg nannte er ihn. Aber als ich tatsächlich das Einfachticket nach Stockholm kaufte, brachte er mich nicht mal zum Flughafen. Anna kam allein. Nach New York. Nun, er ist die erste Generation, weißt du. Sein geliebtes Land zu verlassen, bedeutete etwas für ihn, das ich nie verstehen werde.»

«Hat er dir nie gesagt, was er empfand?»

«Mir gesagt? Seit ich zwei Jahre alt war, hat er mir erzählt, wie er sich fühlt. Mit zehn wußte ich mehr über die Geschichte der Arbeiter als jeder Verkäufer, den ich kenne. Frederick schweigt und nippt an seinem Bier. «Also habe ich ihm mit zwölf nicht mehr zugehört. Ganz einfach.»

«So einfach hört es sich für mich nicht an», sagt sie.

Am nächsten Tag beim Mittagessen handelt Stans Lektion von der Geschichte proletarischer Aufstände zu seiner Le-

starts with the Herrin coal miners in '22–36 dead; then the Chicago race riots of the 30s and Watts in '65. Any idiot could have predicted the bloodshed in Newark and Detroit in the summer of '67. Sixty-six dead and 5.000 homeless. He reminds them that it took an army of 4.000 paratroopers and 8.000 Guardsmen to crush the rebellion. "Has anything changed? Miami, Detroit, New York, L. A. – fuses burning in every major city. You wait. The masses will arise."

"So why stay here?" Frederick says.

"What?"

"Why Trenton? You're right in the middle of it. If the place is going to burn, get out. Head West."

Bert hears a strangled squawk and turns, thinking Stan is choking on a piece of meat. No, he is choking on words. His knife is raised, pointing at his son.

"That's it. That ... is ... *it*," he says. "Whatever happens, you run. Turn like a coward and *run*."

Frederick is on his feet and out the door before anyone can move. By the time Bert catches up with him. He is halfway down the block and walking fast, almost running.

That night dinner is silent. No lecture. It is as if everything has been said. Just as well, Bert decides. She's exhausted. All afternoon she kept up with Frederick, stride by stride, as if they were going somewhere in a hurry. They crisscrossed the neighborhood. After the first hour he started giving her a phrase or two of commentary. "That's the church all my buddies went to," he said. Not even a nod, but it was clear enough – looming there, a big, ugly thing in yellow brick. "I wasn't to step into it. Opium of the people." She couldn't tell from his voice whether he agreed or not. Then the high school – also big, also yellow brick and stained with soot. Not far from there, a mini-park, cy-

benszeit. Er beginnt mit den Bergarbeitern von Herrin im Jahr '22 – 36 Tote; dann die Rassenkrawalle von Chicago in den 30ern und Watts 1965. Jeder Idiot hätte das Blutvergießen von Newark und Detroit im Sommer '67 vorhersagen können. Sechsundsechzig Tote und 5000 Obdachlose. Er erinnert sie daran, daß man eine Armee von 4000 Paramilitärs und 8000 Gardisten brauchte, um den Aufstand niederzuschlagen.» Hat sich etwas geändert? Miami, Detroit, New York, Los Angeles – die Lunte brennt in jeder größeren Stadt. Wartet nur. Die Massen werden sich erheben.

«Warum sollte man also hier bleiben?» sagt Frederick.

«Was?»

«Warum Trenton? Du bist mitten drin. Wenn die Stadt anfängt zu brennen, mach daß du weg kommst. Zieh nach Westen.»

Bert hört ein ersticktes Röcheln und dreht sich um, da sie denkt, Stan würge an seinem Stück Fleisch. Nein, er würgt an Worten. Sein erhobenes Messer zeigt auf seinen Sohn.

«Das ist es. Das ... ist ... es», sagt er. Was immer passiert, du läufst weg. Drehst dich um wie ein Feigling und läufst weg.»

Frederick ist aufgesprungen und zur Tür hinausgerannt, bevor sich jemand bewegen kann. Als Bert ihn einholt, ist er halb um den Block und geht schnell, rennt fast.

An diesem Abend wird bei Tisch geschwiegen. Keine Vorlesung. Es ist, als sei alles gesagt worden. Auch gut, beschließt Bert. Sie ist erschöpft. Den ganzen Nachmittag hielt sie sich an Fredericks Seite, Schritt für Schritt, als wenn sie eilig irgendwohin gingen. Sie liefen kreuz und quer durch die Nachbarschaft. Nach einer Stunde sagte er ihr einen oder zwei Sätze zur Erklärung. «Das ist die Kirche, in die all meine Freunde gingen», sagte er. Nicht einmal ein Nicken, aber es war klar – sie stand da, ein großes, häßliches Etwas aus gelbem Sandstein. «Ich durfte keinen Schritt hinein tun. Opium fürs Volk.» Sie konnte an seiner Stimme nicht erkennen, ob er dem zustimmte oder nicht. Dann die Schule, auch groß, auch gelber Sandstein und voller Rußflecken. Nicht weit entfernt ein Minipark, windge-

clone-fenced and tarred. Two basketball hoops. "Another landmark."

Then an industrial area. Warehouses. Papers blowing in the street. And a long brick factory set behind more fencing. "That's where he spent his whole life," Frederick said. She didn't have to ask who *he* was. "Tool and die works. Nice names when you think of it – tool and die."

"Gloomy."

"Yuh. I said something like that to him once. He gave me a lecture about how I never saw it shut down like it was in the Depression. I didn't know what gloomy was."

"That guy sure lectures a lot."

She said it out of sympathy for the life he'd led, but he stopped dead and grabbed her arm as if she'd hit him where it hurt. "Listen," he said, "you'd lecture a lot too if you'd been through what he's been through. He was the one to get the union in here, you know. And he got his head busted twice – once by scabs and once by goons. And then in the 50s the union turned on him for being what they called a red. Spent a month in jail. Did you know that? When he came out, the company stripped him of all seniority. No support form the union. None. After that the church jumped on him. You remember that church back there? During Vietnam his name was mentioned right in the sermon as a traitor. He wasn't there, of course, but his relatives were. And all the neighbors. The guy's a saint. A regular saint."

"O. K., but I'm not the enemy."

Frederick had his fists clenched and clearly wanted to hit someone, but he couldn't find the right target. He looked around the neighborhood and would have punched up the whole place if he
144 could.
145 "I've got to split," he said. "This city is really

schützt und geteert. Zwei Basketballkörbe. «Noch ein Meilenstein.»

Dann eine Industriegegend. Lagerhäuser. Papierfetzen wehen über die Straßen. Und eine langgezogene Fabrik aus Backstein hinter Zäunen. «Hier hat er sein ganzes Leben verbracht», sagte Frederick. Bert brauchte nicht zu fragen, von wem die Rede war. «Werkzeug- und Stempelfabrik. Netter Name, wenn man so drüber nachdenkt – Werkzeug und Stempel.»

«Unheimlich.»

«Ja. Ich sagte einmal so etwas zu ihm. Er hielt mir einen Vortrag darüber, daß ich sie nie geschlossen gesehen hätte wie in der Wirtschaftskrise. Ich wisse nicht, was unheimlich sei.»

«Der Mann hält wirklich eine Menge Vorträge.»

Sie sagte es aus Mitgefühl für das Leben, das Frederick geführt hatte, aber er hielt an und ergriff ihren Arm, als habe sie ihn dort getroffen, wo es weh tut. «Hör zu», sagte er. «Du würdest auch eine Menge Vorträge halten, wenn du durchgemacht hättest, was er durchgemacht hat. Er war der, der die Gewerkschaft hierher brachte, weißt du. Und er wurde zweimal verprügelt – einmal von Streikbrechern und einmal von bezahlten Gangstern. In den 50ern wandte sich die Gewerkschaft von ihm ab, weil er das war, was sie einen Roten nannten. Er war einen Monat im Gefängnis. Wußtest du das? Als er herauskam, erkannte die Firma seine Dienstjahre nicht an. Keine Unterstützung von der Gewerkschaft. Keine. Danach ging die Kirche auf ihn los. Erinnerst du dich an die Kirche da hinten? Während Vietnam wurde sein Name als Verräter in der Predigt genannt. Er war natürlich nicht dort, aber seine Verwandten. Und alle Nachbarn. Dieser Mann ist ein Heiliger. Ein wahrer Heiliger.»

«Okay, aber ich bin nicht der Feind.»

Frederick hatte die Fäuste geballt und wollte offensichtlich jemanden treffen, aber er konnte die richtige Zielscheibe nicht finden. Er sah sich in der Nachbarschaft um und hätte den ganzen Ort zusammengeschlagen, wenn er gekonnt hätte.

«Ich muß weg», sagte er. «Diese Stadt macht mich wirk-

getting to me." She didn't answer. His fury had become a brick wall between them.

It is evening again and she spends the silent supper trying to put pieces together. This whole thing is between Frederick and his father, isn't it? How come it's driving her and Frederick apart as well? Here they are, all four of them, each in a separate bunker, and no one knows how to break out. A hell of a way to eat a meal.

When they finish, Stan announces that there's nothing on the news – he knows this in advance – and wants to go directly to his room. Bert and Anna guide him once again, taking his weight on either side. Not a word, but Bert feels voltage humming through the house.

Once they get Stan to the edge of the bed, they back out of the room. Somehow he manages to undress himself – mixture of pride and modesty. Down the hall Bert sees Frederick jamming a sweater and a work shirt into the duffel. A lousy time to be leaving, she thinks. Back in New Mexico a walk would clear the air, but Frederick's walk through the old neighborhood has cleared nothing. And now Stan – the saint – has locked himself up in his room.

"Hey," she says to Frederick, softly there in the hall – him with the duffel already on his shoulder. "How about waiting until morning?"

He doesn't seem to hear her and starts clomping down the stairs in those big boots of his. He's got a perfect right to do what he wants when he wants, she reminds herself.

At the door he has to stop and release the two locks and the chain with one hand, the other steadying the duffel on his shoulder. As soon as he turns one dead bolt and moves to the next, she flicks the first one shut again. He slides back the chain and she locks the other dead bolt. He releases that

lich fertig.» Sie antwortete nicht. Sein Zorn war zu einer Mauer zwischen ihnen geworden.

Es ist wieder Abend, und sie verbringt die wortlose Mahlzeit damit, Bruchstücke zusammenzusetzen. Die ganze Geschichte spielt sich zwischen Frederick und seinem Vater ab, oder nicht? Wieso bringt es sie und Frederick auch auseinander? Hier sind sie, alle vier, jeder in einem eigenen Bunker, und keiner weiß, wie er ausbrechen kann. Eine höllische Art zu essen.

Als sie fertig sind, verkündet Stan, daß nichts in den Nachrichten kommt – er weiß das im Voraus – und will gleich in sein Zimmer gehen.

Bert und Anna führen ihn wieder und halten ihn auf beiden Seiten. Kein Wort, aber Bert spürt die Spannung im Haus knistern.

Als sie Stan auf dem Bettrand haben, gehen sie wieder aus dem Zimmer hinaus. Irgendwie schafft er es, sich selbst auszuziehen – eine Mischung aus Stolz und Schamgefühl. Unten in der Diele sieht Bert, wie Frederick einen Pullover und ein Arbeitshemd in die Reisetasche stopft. Ein blöder Zeitpunkt, um wegzugehen, denkt sie. In New Mexico würde ein Spaziergang die Luft reinigen, aber Fredericks Spaziergang durch die Nachbarschaft hat nichts gereinigt. Und nun hat Stan – der Heilige – sich in sein Zimmer eingeschlossen.

«Hej», sagt sie sanft zu Frederick in der Diele – er hat die Tasche schon über der Schulter. «Wie wäre es, bis morgen zu warten?»

Er scheint sie nicht zu hören und poltert in seinen großen Stiefeln die Treppe hinunter. Er hat das uneingeschränkte Recht zu tun, was er will und wann er es will, ermahnt sie sich.

An der Tür muß er stehen bleiben und zwei Schlösser und die Kette mit einer Hand öffnen, während die andere die Tasche auf seiner Schulter festhält. Als er einen Riegel geöffnet hat und mit dem nächsten beginnt, schlägt sie den ersten wieder zu. Er legt die Kette zurück, und sie schließt den andern Riegel. Er schiebt ihn zurück, und sie macht die

one and she has the chain back in place. They run through this a number of times. He gives her a hip check but she feints – basketball quick – and shoulders him. In another minute she'll get him to grin.

"Frederick." Stan's voice. It is barely audible, but they turn as if he has blown a whistle. He is halfway down the stairs, dressed in his bathrobe. His feet are bare, his thinning hair awry as if he has been asleep already.

He works his way down, half step at a time, gripping the railing. Anna is at the head, hand on her mouth, her other arm out as if to steady him even though he is already beyond her reach. She does not go to him; not this time.

Stan makes it, finally, and Frederick, in spite of himself, drops the duffel and goes to him, leaving Bert by the door.

"You got two tickets?" Stan asks. Frederick nods. "Well, you'll be needing this."

He holds a wad of bills out to Frederick like an offering.

"Are you crazy?" Frederick says, backing away. "I don't need that."

Stan takes another step forward and Frederick backs up again, trying to drag their duffel toward the door.

Bert feels her patience give way completely. "For godssake," she says, shoving Frederick toward his father, "he's not the enemy. And he's no saint either. Get that out of your head. He's your father, damn it, and he loves you."

Everyone freezes. It's as if she's a kid again and has said a dirty word. But then a sheepish grin spreads across Frederick's face. He puts his arms around his father, closing the gap between them. And as he does so, Bert feels the wall between her and Frederick fall away as well.

Kette wieder zu. Sie tun das ein paarmal. Er gibt ihr einen Stoß mit der Hüfte, aber sie täuscht ihn – schnell wie beim Basketball – und trifft ihn mit der Schulter. In der nächsten Minute wird sie ihn zum Grinsen bringen.

«Frederick.» Stans Stimme. Sie ist kaum hörbar, aber sie drehen sich um, als hätte er gepfiffen. Er ist die Treppe halb herunter, bekleidet mit seinem Bademantel. Er geht barfuß, sein schütteres Haar ist durcheinander, als hätte er schon geschlafen.

Er arbeitet sich nach unten, immer einen halben Schritt, wobei er sich ans Geländer klammert. Anna ist oben, die Hand am Mund, den andern Arm ausgestreckt, als wolle sie ihn halten, obwohl er schon außer ihrer Reichweite ist. Sie geht nicht zu ihm; diesmal nicht.

Stan schafft es schließlich, und Frederick läßt gegen seinen Willen die Tasche fallen, geht zu ihm und läßt Bert an der Tür zurück.

«Hast du zwei Fahrkarten?» fragt Stan. Frederick nickt. «Nun, du wirst das brauchen.»

Er hält Frederick ein Bündel Scheine entgegen wie ein Angebot.

«Bist du verrückt?» fragt Frederick und weicht zurück. «Ich brauche das nicht.»

Stan macht wieder einen Schritt vor und Frederick geht wieder zurück, wobei er versucht, die Tasche zur Tür zu ziehen.

Bert spürt, wie ihre Geduld sie ganz und gar verläßt. «Um Gottes Willen», sagt sie und schiebt Frederick auf seinen Vater zu, «er ist nicht der Feind. Und er ist auch kein Heiliger. Schlag dir das aus dem Kopf. Er ist dein Vater, verdammt, und er hat dich lieb.»

Alle erstarren. Es ist, als wäre sie wieder ein Kind und hätte ein unanständiges Wort gesagt. Aber dann breitet sich ein einfältiges Grinsen auf Fredericks Gesicht aus. Er legt die Arme um seinen Vater und schließt die Kluft zwischen ihnen beiden. Und als er das tut, spürt Bert, wie auch die Mauer zwischen ihr und Frederick fällt.

Robert Newman
Uncle Ott

Uncle Ott lives with my grandparents. My mother and father say he's always in another world. He's hardly ever in the room when we first get there. He'll usually come in sometime later and act as if we'd been there all the time. He won't say hello or anything. He'll just come in and sit down and sometimes he'll talk, but more often he won't. If there are coats or newspapers on a chair, he doesn't notice. He just sits down on top of the stuff.

Ott was in London during the war. He told me about the buzz boms. He said that you could hear the buzz from far away, and then it would stop and the bomb would glide for a few seconds before it exploded. There would be lots of people in the bomb shelters and after a while they'd get friendly because they were all stuck there together. Soon they'd be talking about themselves and their families and some would play cards. It was almost like being at a party. But when they heard the buzz everyone would get silent and there would just be the sound of the buzz in the distance. When the buzz stopped you could feel everyone hold his breath and the only thing you'd hear was your heart beating in your head. Then you'd hear the bomb explode. At first, you'd still be afraid to breathe, but then someone would say something to no one in particular, then other people would begin to talk, and soon everyone was talking even louder than before. Ott told me that he still heard the buzz sometimes.

Ott has skin that looks like it's never been in the sun and when he talks he looks like he's stretching
150 his lips. Hiss glasses have thick black frames that
151 make his eyes look twice as big as they are and

Robert Newman
Onkel Ott

Onkel Ott wohnt bei meinen Großeltern. Meine Mutter und mein Vater sagen, er lebe immer in einer andern Welt. Er ist kaum jemals in einem Zimmer, wenn wir hineingehen. Meistens kommt er später herein und tut, als seien wir die ganze Zeit da gewesen. Er sagt nicht hallo oder so. Er kommt einfach herein und setzt sich hin, und manchmal sagt er was, aber meistens nicht. Wenn Mäntel oder Zeitungen auf einem Stuhl liegen, merkt er es nicht. Er setzt sich einfach auf die Sachen.

Ott war während des Krieges in London. Er erzählte mir von den heulenden Bomben. Er sagte, man habe das Heulen von weit her hören können, dann sei es still gewesen, die Bombe sei einige Sekunden lautlos geglitten und dann explodiert. In den Bunkern seien viele Leute gewesen, und nach einer Weile seien sie freundlich zueinander geworden, weil sie dort alle in der Klemme saßen.

Sie hätten bald über sich und ihre Familien gesprochen, und einige hätten Karten gespielt. Es sei fast gewesen als wäre man auf einer Party. Aber wenn sie das Heulen hörten, seien sie alle still geworden, und es habe nur das Geräusch des Heulens in der Ferne gegeben. Wenn das Heulen vorbei war, habe man spüren können, wie jeder den Atem anhielt, und das einzige, was man hörte, sei der eigene Pulsschlag im Kopf gewesen. Dann habe man gehört, wie die Bombe explodierte. Zuerst habe man immer noch Angst gehabt zu atmen, aber dann habe jemand etwas gesagt, zu niemand bestimmtem, dann hätten andere zu reden begonnen, und bald habe jeder gesprochen, lauter als vorher. Ott erzählte mir, daß er das Heulen manchmal noch höre.

Otts Haut sieht aus, als sei er noch nie in der Sonne gewesen, und wenn er redet, scheint er seine Lippen anzuspannen. Seine Brillengläser haben dicke schwarze Ränder, die seine Augen doppelt so groß wirken lassen, und seine

his shoes always have two or three thumbtacks in the soles.

He has a workshop in the basement and above the workbench there's a cabinet with a padlock on it. I used to like to play down there when we came to visit and sometimes Ott would come down and he'd sort of play with me and pretend to work at the same time.

Once I decided to melt down some aluminum foil so I got some of the matches that he has around his workbench to melt it with. His matches are always bent in different shapes and the matchcovers are peeled or torn. I lit matches and held them under the aluminum foil to see if it would melt. Ott was watching what I was doing so hard that he didn't even pretend to work anymore. After a while he bent down and suggested that we both hold matches under the ball of foil so there would be more heat. This didn't work either. Then he got two little blocks of wood and he jabbed a pencil through the aluminum foil and laid the pencil across the two blocks. Then he made a pile of matches under it and set the matches on fire.

The whole time he did this he was clicking his tongue. He clicked his tongue whenever he was concentrating. Sometimes he'd do it in the middle of dinner. He'd be looking at his plate or at something on the table and he'd be clicking his tongue until he either stopped by himself or my grandmother told him "stop with the clicking already."

The aluminum foil still didn't melt. Ott went out the basement door and a few minutes later came back with a branch that he broke up and put under the aluminum foil and tried to set on fire while he was clicking his tongue. But my grandfather came down and said, "What the hell do you think you're doing?" and called him a "goddam idiot that God forgot to give a brain to."

Schuhe haben immer zwei oder drei Reißzwecken in den Sohlen.

Er hat eine Werkstatt im Keller, und über der Werkbank hängt ein Schrank mit einem Schloß. Ich spielte dort immer gern, wenn wir zu Besuch waren, und manchmal kam Ott herunter und spielte irgendwas mit mir und tat so, als ob er gleichzeitig arbeitete.

Einmal beschloß ich, Aluminiumfolie zu schmelzen und nahm dafür einige von den Streichhölzern, die auf seiner Werkbank liegen. Seine Streichhölzer sind in lauter verschiedene Formen verbogen, und die Briefchen sind zerkratzt oder zerrissen. Ich zündete Streichhölzer an und hielt sie unter die Aluminiumfolie um zu sehen, ob sie schmolz. Ott beobachtete so genau, was ich tat, daß er nicht einmal mehr vorgab zu arbeiten. Nach einer Weile beugte er sich herunter und schlug vor, daß wir beide Streichhölzer unter das Folienknäuel halten sollten, damit es mehr Hitze gebe. Das klappte auch nicht. Dann nahm er zwei kleine Holzklötzchen, stieß einen Bleistift durch die Aluminiumfolie und legte den Bleistift über die beiden Klötzchen. Dann machte er einen Scheiterhaufen aus Streichhölzern darunter und zündete ihn an.

Während der ganzen Zeit schnalzte er mit der Zunge. Immer wenn er sich konzentrierte, schnalzte er mit der Zunge. Manchmal tat er es während des Essens. Er schaute dann auf seinen Teller oder auf etwas auf dem Tisch und schnalzte mit der Zunge, bis er entweder von selbst aufhörte, oder meine Großmutter zu ihm sagte: «Hör schon auf zu schnalzen.»

Die Aluminiumfolie schmolz immer noch nicht. Ott ging zur Kellertür hinaus, kam einige Minuten später zurück mit einem Ast, den er zerbrach und unter die Aluminiumfolie legte, und den er anzuzünden versuchte, während er mit der Zunge schnalzte. Aber mein Großvater kam herunter und sagte: «Was zum Teufel tust du da?» und nannte ihn einen «verdammten Idioten, dem Gott vergessen hat, ein Gehirn zu geben».

Sometimes Ott would take me to baseball-games. During the game he'd buy something for me from almost every vender that came by. Sometimes he'd give me his beer so that I could blow in the foam or he'd put a dab of it on my nose and we'd laugh together. He never cheered during a game. He didn't even get excited when someone would hit a foul ball near us and everyone would stand and push each other trying to get it. Once he asked me who was ahead – St. Louis or the Cardinals.

After the game we'd be on a street corner waiting for a bus because he didn't drive and I'd ask him which way we were going and he'd say he didn't know, that he'd forgotten the way home. I'd be holding his hand and would feel how jumpy he was and I'd get scared with all the traffic and all the people. A lot of the people looked like the kind my father said would as soon stick a knife in your belly as look at you.

After a while Ott would suddenly remember the way home. A bus would pull up to the curb and open its doors with what sounded like a long sigh. Ott would stand there for a few seconds and stare at the bus, then he'd squeeze my hand and say "this one." I was always so happy to be going home that I'd forget to look at the number of the bus so that I could remember the next time he forgot.

Once when we were visiting my grandparents a big thunderstorm broke. I sneaked up behind my little sister Sharon and when the next explosion of thunder came I screamed so that she started to cry.

My father started to take off his belt and said, "You want to get this?" I hate the strap worse than anything. Sometimes he'd take it off and snap it in front of my face to show me he meant business.

My grandmother said, "Sam, that's enough
154 now."
155 "I told you before not to interfere with the way

Manchmal nahm Ott mich mit zum Baseball. Während des Spiels kaufte er mir etwas von fast jedem Händler, der vorbeikam. Manchmal gab er mir sein Bier, damit ich in den Schaum blasen konnte, oder er spritzte einen Klacks davon auf meine Nase, und dann lachten wir beide. Er feuerte während des Spiels niemals jemanden an. Es regte ihn nicht einmal auf, wenn jemand einen Fehlerball in unsere Nähe schlug, und alle aufstanden, sich anrempelten und versuchten, ihn zu bekommen. Einmal fragte er mich, wer führte – St. Louis oder die Cardinals.

Nach dem Spiel standen wir immer an einer Straßenecke und warteten auf einen Bus, weil er nicht Auto fuhr, und ich fragte ihn, in welche Richtung wir mußten, und er sagte, er wisse es nicht, er habe den Weg nach Hause vergessen. Ich hielt seine Hand fest und spürte, wie nervös er war, und ich bekam Angst vor dem ganzen Verkehr und all den Leuten. Viele sahen so aus wie die, von denen mein Vater sagte, sie würden dir bevor du hinschauen kannst ein Messer in den Bauch rennen.

Nach einer Weile wußte Ott plötzlich den Weg nach Hause. Ein Bus hielt am Randstein und öffnete die Türen mit einem langen Seufzen. Ott stand einige Sekunden da und starrte den Bus an, dann drückte er meine Hand und sagte: «Dieser.» Ich war immer so glücklich, wenn wir nach Hause fuhren, daß ich vergaß, nach der Nummer des Busses zu schauen, damit ich sie beim nächsten Mal wüßte, wenn er sie vergaß.

Als wir einmal meine Großeltern besuchten, brach ein schweres Gewitter los. Ich schlich mich hinter meine kleine Schwester Sharon, und als es das nächste Mal donnerte, schrie ich so, daß sie anfing zu weinen.

Mein Vater begann, seinen Gürtel abzunehmen und sagte: «Willst du den zu spüren bekommen?» Ich hasse den Riemen mehr als alles andere. Manchmal zog er ihn aus und schnalzte mit ihm vor meinem Gesicht, um mir zu zeigen, daß er es ernst meinte.

Großmutter sagte: «Sam, es reicht jetzt.»

«Ich habe dir schon einmal gesagt, du sollst dich nicht

Rachel and me bring up the children," my father shouted as he grabbed me by the wrist.

Then the lights went out.

My grandfather said, "What the hell . . ." and then it was quiet for a while.

My mother asked, "Are there any candles in the house?"

My grandmother said, "Just the Yahrtzeit candle and that's not to be burned except once a year."

My grandfather said, "If you have to you have to."

"Well, I won't."

"So what are we going to do, sit in the dark?"

"I like the dark," Elaine, my older sister, said.

Sharon was still crying. "Come here to me," my mother told her. I knew that she would trip on my legs on the way over, but that no one would see so I didn't move them and she tripped and started to cry louder. My mother put her in her lap and said, "Ahhh" and, "be a big girl."

Ott was just rocking in his rocking chair then suddenly he was beside me.

"Come on," he said.

"Where are you going?" my father asekd.

Ott said, "To the basement."

My father said, "It's dark; you'll break your neck going down the steps."

"I know where there's light," Ott said and pulled me up.

"What the hell you think you're doing?" my grandfather said.

"I know where there's light," Ott said again.

"Meshuginah," my grandfather said, "it's darker in the basement than it is here."

But Ott was already to the basement steps and was pulling me with him.

156 We crept down the steps, feeling for the edge of
157 each step and not letting our breath out until we

einmischen, wie Rachel und ich die Kinder erziehen», rief mein Vater, als er mich am Handgelenk ergriff.

Dann gingen die Lichter aus.

Mein Großvater sagte: «Was zum Teufel...», und dann war es eine Weile still.

Meine Mutter fragte: «Sind Kerzen im Haus?»

Meine Großmutter sagte: «Nur die Jahrzeitkerze, und die darf nur einmal im Jahr angezündet werden.»

Mein Großvater sagte: «Aber wenn es sein muß, muß es sein.»

«Ich werde es nicht tun.»

«Was sollen wir dann machen, im Dunkeln sitzen?»

«Ich mag die Dunkelheit gern», sagte Elaine, meine ältere Schwester.

Sharon weinte immer noch. «Komm her zu mir», sagte meine Mutter. Ich wußte, daß sie dabei über meine Beine stolpern würde, aber keiner würde es sehen, und so bewegte ich mich nicht, und sie stolperte und fing noch lauter an zu weinen. Meine Mutter setzte sie auf ihren Schoß und sagte: «Ahhh» und «sei ein großes Mädchen.»

Ott schaukelte nur in seinem Schaukelstuhl, dann stand er plötzlich neben mir.

«Komm mit», sagte er.

«Wohin gehst du?» fragte mein Vater.

Ott sagte: «In den Keller.»

Mein Vater meinte: «Es ist dunkel; du wirst dir das Genick brechen, wenn du die Treppe hinunter gehst.»

«Ich weiß, wo es hier Licht gibt», sagte Ott und zog mich hoch.

«Was zum Teufel tust du eigentlich?» fragte mein Großvater.

«Ich weiß, wo Licht ist», sagte Ott wieder.

«Meschuggener», meinte mein Großvater, «im Keller ist es dunkler als hier.»

Aber Ott war schon an der Kellertreppe und zog mich mit sich.

Wir schlichen die Treppe hinunter, tasteten nach dem Ende jeder Stufe und atmeten nicht aus, bevor wir sicher

were standing firmly on the next. It was completely black and I knew that at any minute something was going to grab me.

"Shhh," Ott said, even though I hadn't said anything. I could feel his hand quivering and I realized that he thought something might attack us too.

We continued a step at a time and sometimes we would stop and Ott would listen and then give my hand a little jerk to let me know that it was all right to go down again.

When we got to the bottom of the steps he led me to his workbench and felt around the top of it. Then he lit a match and I could see his bench with all the stuff on it. His face glowed and his eyes sparkled through his glasses. He clicked his tongue as he worked the combination on the lock to the cabinet. I didn't know what he was after, but I didn't ask him. I didn't seem right to say anything. I think Ott likes me because I don't ask him a lot of questions, but go along with what he's doing and wait to see what happens. Nobody else does that.

It took three matches to get the lock open and then he stopped clicking his tongue and opened the cabinet door. He didn't light any more matches so I couldn't see what was in it, but suddenly I could see a pipe on the ceiling and there was a flashlight in Ott's hand. Then he said, "Here," and there was one in mine.

Ott tripped once running up the steps and I had to stop since I was behind him, but soon we were back in the room and I was waving my flashlight around and lighting up everyone. Ott lit up his rocking chair then sat in it and started to rock.

"Where did you find those?" my father asked me.

I thought that he should be asking Ott instead of me and I didn't know what to say, but Ott saved me and said, "I had them downstairs."

auf der nächst unteren standen. Es war vollkommen schwarz, und ich wußte, daß jeden Augenblick etwas nach mir fassen könnte.

«Schsch», sagte Ott, obwohl ich gar nichts gesagt hatte. Ich konnte spüren, daß seine Hand zitterte, und ich erkannte, daß auch er dachte, etwas könne uns angreifen.

Wir stiegen weiter Stufe um Stufe hinunter, und manchmal blieben wir stehen, und Ott horchte und drückte dann meine Hand ein wenig, um mich wissen zu lassen, daß wir wieder weitergehen konnten.

Als wir unten ankamen, führte er mich zu seiner Werkbank und tastete über die Oberfläche. Dann zündete er ein Streichholz an, und ich konnte die Bank mit all dem Kram darauf sehen. Sein Gesicht glühte, und seine Augen funkelten hinter der Brille. Er schnalzte mit der Zunge, während er die Kombination für das Schloß am Schrank einstellte. Ich wußte nicht, was er vorhatte, aber ich fragte ihn nicht. Es schien nicht angebracht, etwas zu sagen. Ich glaube, Ott mag mich, weil ich ihm nicht so viele Fragen stelle, sondern ihn bei dem, was er macht, begleite und abwarte, was geschieht. Niemand sonst tut das.

Er brauchte drei Steichhölzer, bis das Schloß offen war, und dann hörte er auf, mit der Zunge zu schnalzen und öffnete die Schranktür. Er zündete keine Streichhölzer mehr an, so konnte ich nicht sehen, was darin war, aber plötzlich konnte ich ein Rohr an der Decke erkennen, und Ott hatte eine Taschenlampe in der Hand. Dann sagte er: «Hier», und ich hatte auch eine.

Ott stolperte, als er die Stufen hinaufrannte, und ich mußte stehenbleiben, da ich hinter ihm war, aber gleich darauf waren wir zurück im Zimmer, und ich schwenkte meine Taschenlampe und blinkte jeden an. Ott leuchtete auf seinen Schaukelstuhl, setzte sich hinein und fing an zu schaukeln.

«Wo hast du die gefunden?» fragte mich mein Vater.

Ich dachte, er solle lieber Ott als mich fragen, und ich wußte nicht, was ich sagen sollte, aber Ott rettete mich und antwortete: «Ich hatte sie unten.»

My grandfather said, "I thought the flashlight was in the car."

Ott said, "I had one downstairs too."

"But here's two."

"There was an extra one."

My grandfather said, "Trying to get an answer from this one is like talking to the wall." But he didn't ask about the flashlights any more.

Sharon and I played with the flashlight I had, lighting up things in the room and looking down each other's throats. When I flashed on Elaine's face she said, "Leave me alone."

Ott sat in his rocking chair turning his flashlight on and off as he rocked and clicked his tongue. His light would move from my grandfather's foot to her arm and then to the wall and to a corner of the ceiling before it went back down.

Nobody said very much and a couple of times they yelled at Sharon and me to stop making so much noise. My grandmother said that she had a headache and my grandfather took my flashlight so that he could get her some aspirin and a glass of water.

Elaine said, "What a nuthouse."

My father said, "That's enough."

Then the lights came back on.

"Hooray," my mother said.

"You'd think that with what we pay for electric bills this wouldn't happen," my father said.

My grandfather came with the aspirin and water for my grandmother.

Ott stopped rocking and turning his flaslight on and off and began tapping on the flashlight with his fingernails. He'd make a loud tap three times then he'd pause and make a soft tap three times then he'd pause again and make three more loud taps. Then he'd do the whole thing over again.

"Will you stop with the tapping already," my grandmother shouted.

Mein Großvater sagte: «Ich dachte, die Taschenlampe sei im Auto.»

Ott erwiderte: «Ich hatte auch eine unten.»

«Aber das sind zwei.»

«Da war noch eine.»

Mein Großvater sagte: «Wenn man von dem eine Antwort kriegen will, ist es, wie wenn man an eine Wand redet.» Aber er fragte nicht mehr nach den Taschenlampen.

Sharon und ich spielten mit der Lampe, die ich hatte, indem wir Gegenstände im Raum anleuchteten und uns gegenseitig in den Hals sahen. Als ich Elaines Gesicht anstrahlte, sagte sie: «Laß mich in Ruhe.»

Ott saß in seinem Schaukelstuhl, schaltete die Taschenlampe an und aus, während er schaukelte und schnalzte mit der Zunge. Der Lichtstrahl bewegte sich vom Fuß meiner Großmutter zu ihrem Arm und dann zur Wand und an die Decke, bevor er wieder nach unten lief.

Niemand sprach viel, und ein paarmal fuhren sie Sharon und mich an, wir sollten aufhören, solchen Lärm zu machen. Meine Großmutter sagte, sie habe Kopfweh und mein Großvater nahm meine Taschenlampe, um ihr eine Tablette und ein Glas Wasser zu holen.

Elaine sagte: «Was für ein Irrenhaus.»

Mein Vater sagte: «Es reicht.»

Dann ging das Licht wieder an.

«Hurra», rief meine Mutter.

«Man sollte meinen, nach dem, was wir an Stromrechnungen zahlen, dürfte das nicht vorkommen», sagte mein Vater.

Mein Großvater kam mit der Tablette und dem Wasser für meine Großmutter.

Ott hörte auf zu schaukeln und seine Taschenlampe an und aus zu schalten und begann, mit den Fingernägeln auf die Lampe zu klopfen. Er klopfte dreimal laut, machte eine Pause, klopfte dreimal leise, machte wieder eine Pause und klopfte wieder dreimal laut. Dann begann er von vorn.

«Hör schon auf mit dem Geklopfe», rief meine Großmutter.

"Why don't you take those damn things back where you got them," my grandmother said.

"Can I take them back?" I asked Ott.

Ott looked at me for a while, but didn't say anything.

"Answer him already," my grandfather said.

"I think we should get ready to go," my mother said. "Everybody get your coats."

"O. K.," Ott said still looking at me, "but make sure you lock them up."

"Why the hell do you keep them locked up?" my grandfather asked him.

"Here," Ott said and handed me his flashlight. He didn't answer my grandfather who said "my God," and handed me the flashlight he had.

"Make it snappy," my father said.

As I went down the steps I had a feeling that was like being afraid but being too excited to think about it, but feeling it anyway. The cabinet over Ott's workbench was open and the lock hung from the side of it. I climbed on the workbench to put the flashlights back. The cabinet had two shelves on it. I put the flashlights on the bottom shelf. There was a can opener and a pocket knife there too, but most of the shelf was empty.

On the top shelf there a music box. I took it down. It was gold on the sides, but glass on the top so that you could see the way it worked. I turned it over so that I could wind it and saw an engraving on the bottom. It said: "To Ott from your English shiksa."

I wound it and it played the tune to "Mares Eat Oats And Does Eat Oats And Little Lambs Eat Ivy." I remember Ott used to sing that to me when I was real little. I thought it went "marezidotes and dozidotes and little lamzidivi." I didn't know the words.

While it played I thought about who gave Ott the music box. I wondered whether she was in the bomb shelters with him. My fingers and toes tin-

«Warum bringst du die verdammten Dinger nicht dahin zurück, wo du sie geholt hast», sagte mein Großvater.

«Darf ich sie zurückbringen?» fragte ich Ott.

Ott schaute mich eine Weile an, sagte aber nichts.

«Nun gib ihm schon eine Antwort», drängte mein Großvater.

«Ich denke, wir sollten gehen», sagte meine Mutter. «Holt alle eure Mäntel.»

«Also gut», sagte Ott und sah mich immer noch an, «aber schließ bestimmt wieder zu.»

«Warum zum Teufel schließt du sie weg?» fragte ihn mein Großvater.

«Hier», sagte Ott und reichte mir seine Taschenlampe. Er antwortete Großvater nicht, der sagte: «Mein Gott» und gab mir die Taschenlampe, die er hatte.

«Mach schnell», sagte mein Vater.

Als ich die Treppe hinunter ging, hatte ich das Gefühl, als hätte ich Angst, wäre aber zu aufgeregt, um jetzt daran zu denken, aber ich spürte sie trotzdem. Der Schrank über Otts Werkbank war offen, das Schloß hing an der Seite. Ich kletterte auf die Werkbank, um die Taschenlampen zurückzulegen. Der Schrank hatte zwei Fächer. Ich legte die Taschenlampen auf das untere. Dort lagen noch ein Dosenöffner und ein Taschenmesser, aber der Großteil des Fachs war leer.

Im oberen Fach war eine Spieldose. Ich holte sie herunter. An den Seiten war sie golden, aber oben war Glas, so daß man sehen konnte, wie sie funktionierte. Ich drehte sie um, damit ich sie aufziehen konnte und sah eine Gravur auf der Unterseite. Sie lautete: «Für Ott von deinem englischen Judenmädchen.»

Ich zog sie auf, und sie spielte die Melodie von «Sechs Schäfchen unterm Apfelbaum». Ich erinnerte mich, daß Ott mir das oft vorgesungen hatte, als ich ganz klein war. Ich dachte es hieße: «Sechsschäfchenun termapfelbaum». Ich kannte den Text nicht.

Während sie lief, dachte ich an die, die Ott die Spieldose geschenkt hatte. Ich fragte mich, ob das Mädchen mit ihm in den Bunkern gewesen war. Meine Finger und Zehen krib-

gled and I felt the blood rush to my head and I knew that Ott was in love with her then. I didn't really know what being in love meant, but I felt that Ott used to be in love with someone who he could have married like my father married my mother only he didn't and I didn't know why he didn't. I thought about whether Ott kissed her and held car doors for her and it was strange to think of Ott doing that for anyone. He didn't even hold the car door for my grandmother. Usually he'd walk faster than the rest of us and get in the back seat by the window before anyone else got there. The music box stopped on the dotes of dozidotes.

I wound it up again and while it was playing I looked at the engraving and thought about whether I'd ever be in love and whether the girl would give me a music box with something written on the bottom and what it would say and what tune the music box would play. I wondered if Ott and his girlfriend danced while the music box played and thought that that was something I would do.

Ott came down the stairs. He was moving faster and louder than he usually did, but he still wasn't running. I could see that he was biting his bottom lip and that his glasses were bouncing on his nose. For the first time I was afraid of him.

He took the music box from me and put it on the top shelf of the cabinet. Then he closed the cabinet door and locked the lock. He didn't slam anything like my father does when he's mad, but I was afraid of him anyway.

"Your mother wants to go home now," he said and lifted me off the workbench.

I didn't know what to say to him, but stopped midway up the steps and managed to tell him goodby. He didn't answer me. He didn't come upstairs either.

belten, und ich spürte das Blut in meinen Kopf steigen, und ich wußte, daß Ott sie damals geliebt hatte. Ich wußte nicht recht, was es bedeutete, jemanden zu lieben, aber ich spürte, daß Ott eine Frau geliebt hatte, die er hätte heiraten können, wie mein Vater meine Mutter geheiratet hatte, nur hatte er es nicht getan, und ich wußte nicht, warum er es nicht getan hatte. Ich überlegte, ob Ott sie geküßt und ihr die Autotür aufgehalten hatte, und es war merkwürdig, sich vorzustellen, daß Ott das für jemanden tun würde. Er hielt nicht einmal meiner Großmutter die Autotür auf. Meistens ging er schneller als wir und saß auf dem Rücksitz am Fenster, bevor wir hinkamen. Die Spieldose hörte bei «pfel» von «termapfelbaum» auf.

Ich zog sie wieder auf, und während sie spielte, betrachtete ich die Gravur und überlegte, ob ich mich jemals verlieben würde, und ob mir das Mädchen eine Spieldose schenken würde, auf der etwas geschrieben stand, und was es wohl wäre, und welche Melodie die Dose spielen würde. Ich fragte mich, ob Ott und seine Freundin getanzt hatten, während die Spieldose klang und dachte, das wäre etwas, was ich tun würde.

Ott kam die Treppe herunter. Er bewegte sich schneller und lauter als gewöhnlich, aber er rannte nicht. Ich konnte sehen, daß er sich auf die Unterlippe biß, und daß seine Brille auf der Nase wackelte. Zum ersten Mal hatte ich Angst vor ihm.

Er nahm mir die Spieldose weg und legte sie in das obere Fach im Hängeschrank. Dann drückte er die Schranktür zu und schloß sie ab. Er tat das alles nicht lärmend wie mein Vater, wenn er wütend ist, aber ich hatte trotzdem Angst vor ihm.

«Deine Mutter will jetzt nach Hause gehen», sagte er und hob mich von der Werkbank.

Ich wußte nicht, was ich ihm sagen sollte, aber ich hielt mitten auf der Treppe an und schaffte es, ihm auf Wiedersehen zu sagen. Er antwortete nicht. Er kam auch nicht nach oben.

Every Sunday morning that spring she went riding in Central Park. In her leather boots and tweed jacket, with a riding hat and a silk scarf, she rode the same route each time. On the same fields, the same trees, she measured the mounting gradations of green and heat and light.

At the stables they always gave her the horse she liked best: a huge gray whose solemnity hid a hostile streak. She enjoyed the small treacherous impulses beneath his good manners. And she could outguess him every time. She knew when he would veer with deadpan grace under a low branch, and she would duck just in time with equally casual assurance. She could tell when he planned to swing abruptly off the path and break into a homeward gallop. She would give him a small, sharp cut with her crop, and he would obey the warning. They proceeded together in stately sobriety – serene, handsome, and locked in invisible battle.

The park was filled with promises of violence. Along the western stretch old women walked their dogs, who quivered with the bitter anxieties of their mistresses. She feared the dogs, their yelps and their nasty faces. Then, when she rounded the southern curve of the bridle path, there was a bench where a black man with a shrunken left arm usually slept. Once the man had wakened when she rode by and had shouted an obscenity after her. It had never happened again. But she dreaded him. He slept with the good arm holding the mutilated one on his chest like a shotgun.

Often she encountered teenagers on roller skates or bicycles, roaming in packs with their radios dribbling streams of disco music. The two of them,

Tricia Tunstall
Die Begegnung

In diesem Frühjahr kam sie jeden Sonntagmorgen zum Reiten in den Central Park. In Lederstiefeln und Tweedjacke, mit Reiterhut und Seidenschal nahm sie immer den gleichen Weg. An den gleichen Spielfeldern, den gleichen Bäumen maß sie das stufenweise Fortschreiten des Grüns, der Hitze und des Lichts.

In den Ställen gaben sie ihr immer ihr Lieblingspferd: einen großen Grauen, dessen Gesetztheit einen feindseligen Zug hatte. Sie mochte die kleinen, verräterischen Antriebe hinter seinem guten Betragen. Sie konnte ihn jedes Mal durchschauen. Sie wußte, wann er mit unerschütterlicher Anmut einen Abstecher unter einen tiefen Ast machen würde, und sie duckte sich gerade rechtzeitig mit dem gleichen beiläufigen Selbstvertrauen. Sie merkte, wenn er vorhatte, plötzlich vom Pfad abzuschwenken und heimwärts zu galoppieren. Sie gab ihm dann einen kleinen, scharfen Hieb mit ihrer Gerte, und er gehorchte ihrer Warnung. Sie ritten miteinander in erhabener Ruhe weiter – heiter, ansehnlich und in einen unsichtbaren Kampf verstrickt.

Der Park war voller Vorahnung von Gewalt. Entlang der Westseite führten alte Frauen ihre Hunde aus, die vor der säuerlichen Laune der Herrinnen zitterten. Sie hatte Angst vor den Hunden, ihrem Gekläff und ihren garstigen Gesichtern. Wenn sie dann die südliche Kurve des Reitpfades umrundete, stand da eine Bank, auf der meistens ein Schwarzer mit einem verkrüppelten linken Arm schlief. Einmal war der Mann aufgewacht, als sie vorbeiritt, und hatte ihr etwas Obszönes nachgerufen. Es war nie wieder geschehen. Aber sie fürchtete ihn. Er schlief und hielt dabei mit dem heilen Arm den verstümmelten wie ein Gewehr auf der Brust.

Oft traf sie Teenager mit Rollschuhen oder Fahrrädern, die in Gruppen umherstreiften, und aus deren Radios Ströme von Discomusik flossen. Sie beide, sie und ihr Roß, zogen

she and her steed, sailed past these noisy gangs like ghosts, invisible beneath their own private bell jar filled with the satin air of another century. But they taunted her sometimes. Then she and the horse left off their subterranean contests. He would trot steadily, enormous and lithe; she locked her hands at the base of his neck. She seldom cantered. She loved the solitary etiquette of posting.

The high point of her ride always came when she circled the reservoir. There was a young, swarthy man with a mustache who rode at the same time she did on Sunday mornings. He rode a smaller horse, a chestnut, and he rode very well. The first time she saw him he had raised his hand and tipped his hat to her as she passed. It was a gesture that seemed to her at once noble and deferential. She felt how lovely a sight she was, flushed and clear-eyed, erect with elegant reserve, the skyline to the east stretched like a banner behind her slim body.

Every week since then she had seen him there, on the path circling the reservoir; and every week he had saluted her. He was always riding counterclockwise, so she always rode clockwise. His little horse would come careening along, mud flying like sparks, and he, sitting easily in the saddle as though motionless, would lean forward slightly when he saw her. As they drew abreast of one another she watched him covertly. His hands shifted; the right hand gathered the reins. The left began a slow journey toward the hat brim. At last she would glance at him. His fingers touched the brim, and her mouth quivered in an allusion to a smile. Then he was past. And she would ride on around the reservoir, sweating a litte and cooing at her horse.

She waited all week for this encounter with an expectant agitation she was hardly aware of. Often,
168 late in the weekday afternoons, she would sit at an
169 open file at the office and think of him. She never

an diesen lärmenden Gruppen vorbei wie Geister, unsichtbar unter ihrer eigenen heimlichen Glasglocke, die angefüllt war mit der seidenweichen Atmosphäre eines anderen Jahrhunderts. Aber sie verspotteten sie manchmal. Dann ließen sie und das Pferd ihre unterschwelligen Streitigkeiten bleiben: Er trabte sicher, zügig und geschmeidig; sie griff fest in seinen Nacken. Sie fiel selten in Galopp. Sie mochte gerne für sich allein die edle Reithaltung zelebrieren.

Der Höhepunkt ihres Ausritts kam, wenn sie den Wasserturm umrundete. Ein junger, dunkler Mann mit einem Schnurrbart ritt dort zur gleichen Zeit wie sie sonntags morgens. Er ritt ein kleineres Pferd, einen Fuchs, und er ritt sehr gut. Als sie ihn zum ersten Mal sah, hob er seine Hand und tippte an seinen Hut, als sie vorbeikam. Es war eine Geste, die ihr gleichzeitig edel und ehrerbietig schien. Sie spürte, was für ein anmutiger Anblick sie war, rotwangig und helläugig, aufrecht in vornehmer Zurückhaltung, die Skyline im Osten wie ein entrolltes Banner hinter ihrem schlanken Körper.

Seitdem hatte sie ihn jede Woche dort gesehen, auf dem Pfad um den Wasserturm; und jede Woche hatte er sie gegrüßt. Er ritt immer gegen den Uhrzeigersinn; sie ritt immer im Uhrzeigersinn. Sein kleines Pferd kam angaloppiert, Lehm spritzte wie Funkenflug und er saß leicht, wie regungslos im Sattel und lehnte sich ein wenig vor, wenn er sie sah.

Als sie aufeinander zu kamen, beobachtete sie ihn vorsichtig. Seine Hände veränderten sich: die rechte zog die Zügel. Die linke machte eine langsame Bewegung zum Hutrand hin. Schließlich schaute sie ihn an. Seine Finger berührten die Krempe, und ihr Mund zitterte im Anflug eines Lächelns. Dann war er vorbei. Und sie ritt weiter um den Wasserturm, sie schwitzte ein wenig und besänftigte ihr Pferd.

Sie wartete die ganze Woche auf diese Begegnung mit einer erwartungsvollen Aufregung, deren sie sich kaum bewußt war. Oft saß sie wochentags am späten Nachmittag vor einem offenen Aktenordner und dachte an ihn. Sie fragte

wondered where he lived or what his name was, or why he rode so well. She simply imagined over and over again the moment of his appearing in the distance on the bridle path and cantering toward her, his buttons gleaming in the light, his left arm beginning to lift. She treasured the thought of all that was unspoken between them: admiration of one another's grace; disdain for the vulgar, horn-bleating, fume-spraying machines in the streets beyond the park; belief in the beauty of velvet hats and shining buttons.

The image accompanied her like a charm, or a prayer. Each week she went to test the charm again. Each week he was there, and tipped his hat.

One morning in May, after a long rain, the park was busier and prettier than she had ever seen it. The dark brim of her riding hat hung like a poised camera shutter over the path before her. In the shy spring sunlight the new leaves wobbled and uncurled. The path was muddy and full of pigeons. On one side stretched the boat lagoon, reflecting the southern skyline in trembling disarray: the Essex House staggered, the Barbizon leaned into the Plaza.

She looked out over the paved road that ran parallel to the path, over the ball fields and grassy hills and the water. She could feel the steady pulse of the great park, the heavy green heart of the city. The whole vista was in motion: hundreds of bicycle wheels turning, hundreds of revolving rowboat oars, hundreds of roller-skating legs gently stroking, stroking ... she thought of the boat pond where the miniature sails fluttered, the carrousel where the lacquered ponies dipped and rose. Every movement, she felt, locked into every other: knees went up and down, oars traced slow circles,
170 in exact and endless collusion.

171 And she was doing her part. She posted in an

sich nie, wo er wohnte, oder wie er hieß, oder warum er so gut ritt. Sie stellte sich einfach immer wieder vor, wie er in der Ferne auf dem Reitweg auftauchte und auf sie zu galoppierte, wie seine Knöpfe im Licht funkelten, und wie sich sein linker Arm hob.

Sie bewahrte den Gedanken an alles, was ungesagt zwischen ihnen war: das gegenseitige Bewundern ihrer beider Anmut; die Verachtung der gewöhnlichen, hupenden, benzinverbrennenden Fahrzeuge auf den Straßen jenseits des Parks; der Glaube an die Schönheit von Samthüten und schimmernden Knöpfen.

Die Vorstellung begleitete sie wie ein Zauber oder eine Bitte. Jede Woche prüfte sie den Zauber wieder. Jede Woche war er da und tippte an seinen Hut.

Eines Morgens im Mai, nach einem langen Regen, war der Park belebter und hübscher, als sie ihn je gesehen hatte. Der dunkle Schirm ihres Reithuts hing wie ein aufgeklappter Kameraverschluß über dem Pfad vor ihr. Im scheuen Licht der Frühlingssonne schwankten die neuen Blätter und entkräuselten sich. Der Pfad war schlammig und voller Tauben. Auf der einen Seite erstreckte sich der Bootsteich und spiegelte die südliche Skyline in zitternder Unordnung: das Essex House schwankte, das Barbizon lehnte sich ans Plaza.

Sie blickte über den gepflasterten Weg, der parallel zum Pfad lief, über die Spielfelder, die grasgrünen Hügel und das Wasser. Sie konnte den gleichmäßigen Pulsschlag des großen Parks spüren, das große grüne Herz der Stadt. Die ganze Allee war in Bewegung: Hunderte von Fahrradreifen drehten sich, Hunderte von Riemen ruderten, Hunderte von Rollschuh laufenden Beinen liefen, liefen ...

sie dachte an den Bootsteich, wo die kleinen Segel flatterten, an das Karussell, wo die bemalten Ponys auf und nieder wippten. Jede Bewegung, das spürte sie, paßte zur andern: Kniee gingen hoch und runter, Ruder zogen langsame Kreise, in genauem und endlosem Einverständnis.

Und sie tat ihr Teil. Sie ritt aufrecht und genoß es, sich

ecstasy of rhythmic restraint. At the core of the whole bustling machine, she was certain, was the salute – a left arm going slowly up, then slowly down. It was the coiled spring that kept the day ticking.

As she approached the reservoir she straightened her back in anticipation and slowed her horse to a walk. The path ahead was empty. She let the horse relax and patted his sticky sides.

Three-quarters of the way around the reservoir the man on the chestnut horse had not come. She grew worried; he had never been so late. She strained her eyes down the path. Then she heard a voice behind her.

"Hello. Beautiful day, isn't it?"

She stiffened in shock, and did not turn for a moment. It was impossible that the man should be riding clockwise. It was impossible that he should be beside her, and speaking. But she turned finally and looked at his horse next to hers. She stared at the soggy shadows of sweat on the chestnut neck.

"We sure have been lucky with the weather this spring," he said. "Nothing I hate worse than muggy weather."

After a pause he continued. "But you won't stop coming when it gets real hot, will you?"

She glanced up briefly and saw that his mustache grew thinner when he smiled.

"You're a real regular. I never knew anybody as regular as I am. It's a kick." He watched her wrap her fingers in her horse's mane. "You don't talk much," he observed. "Don't tell me you're shy. You never struck me as the shy type."

She stammered something then. "Ah!" he said. "She talks. The lady talks." The mustache grew thin as an eyebrow. "She rides well, she looks great, and she talks too. I wonder what her name is."

"Vivian," she lied.

auf ein Taktmaß zu beschränken. Im Innersten des ganzen lärmenden Getriebes war, das wußte sie sicher, der Gruß – ein linker Arm, der sich langsam nach oben bewegt, dann langsam nach unten. Es war der Wirrwarr des Frühlings, der den Tag pulsieren ließ.

Als sie sich dem Wasserturm näherte, setzte sie sich vor Erwartung aufrecht und ließ ihr Pferd langsam gehen. Der Pfad vor ihr war leer. Sie ließ das Pferd ausruhen und tätschelte seine verschwitzten Flanken.

Nach drei Vierteln des Weges um den Wasserturm war der Mann auf dem braunen Pferd noch nicht gekommen. Sie begann sich zu sorgen; er war noch nie so spät gewesen. Sie schaute angestrengt den Pfad hinunter. Dann hörte sie eine Stimme hinter sich.

«Hallo. Schöner Tag, nicht wahr?»

Sie erstarrte vor Schreck und drehte sich nicht gleich um. Es war unmöglich, daß der Mann im Uhrzeigersinn ritt. Es war unmöglich, daß er neben ihr war und sprach. Aber sie drehte sich schließlich um und sah sein Pferd neben dem ihren. Sie starrte auf die nassen Schweißschatten auf dem Hals des Braunen.

«Wir haben echt Glück mit dem Wetter dieses Frühjahr», sagte er. «Nichts, was ich mehr hasse als feuchtes Wetter.»

Nach einer Pause fuhr er fort: «Aber Sie kommen doch auch wenn's richtig heiß wird, oder?»

Sie schaute kurz auf und sah, daß sein Schnurrbart dünner wurde, wenn er lächelte.

«Sie sind echt pünktlich. Ich habe nie jemand gekannt, der genau so pünktlich ist wie ich. Wahnsinn.» Er beobachtete, wie sich ihre Finger in die Mähne des Pferdes krallten. «Sie reden nicht viel», bemerkte er. «Erzählen Sie mir nicht, daß Sie schüchtern sind. Sie sind mir nicht wegen Ihrer Schüchternheit aufgefallen.»

Sie stammelte etwas. «Ah!» sagte er. «Sie spricht. Die Dame spricht.» Der Schnurrbart wurde so dünn wie eine Augenbraue. «Sie reitet gut, sie sieht großartig aus, und sie spricht auch. Ich frage mich, wie sie heißt.»

«Vivian», log sie.

"And mine, although you haven't asked, is Andy."

The tips of her fingers were purple. Suddenly she blurted, "I have to go –" and frightened her horse into a gallop. But he was right behind her, spurring the little chestnut.

"Hang on!" he called. "What did I say wrong? Hey, Vivian! Talk to me!"

He was a daring rider, and he crowded her horse to the edge of the path till she had to rein him in. She said, "I'm sorry. I didn't mean to be rude."

He settled his horse into a brisk walk beside hers and leaned back in his saddle. "So you come here a lot, or what?" he asked.

"I come here quite often."

"No place I'd rather ride. Whole state of Ohio isn't as classy as this little lawn right here to ride in. Don't you think so?"

"I've never been to Ohio."

"Well, believe me, you're lucky." He stretched his arms in comfortable boredom at the topic of Ohio. "Place is the pits. Nobody there but farmers and music students. You'd hate it," he ended confidentially.

She was silent.

"Of course I don't imagine you're likely to go there. You stay around the city mostly, I'll bet. After all, I see you every single Sunday."

She looked at him finally. "See me every Sunday?"

"Well, I mean, that's the only time I come here, is Sundays."

"I don't know what you're talking about," she said softly. "I've never seen you here."

"Never seen me? Of course you've seen me! I'm the one you always pass coming the other way.
174 You always sort of smile. That's me."

175 She pulled her silk scarf tighter around her

«Und ich heiße, auch wenn Sie nicht gefragt haben, Andy.»

Ihre Fingerspitzen waren dunkelrot. Plötzlich platzte sie los: «Ich muß weg –»; das Pferd erschrak, daß es plötzlich galoppieren sollte. Aber er blieb unmittelbar hinter ihr und trieb den kleinen Fuchs an.

«Halt», rief er. «Was habe ich Falsches gesagt? Hej, Vivian! Reden Sie!»

Er war ein verwegener Reiter, und er drängte ihr Pferd an den Rand des Weges, daß sie es zum Stehen bringen mußte. Sie sagte: «Es tut mir leid. Ich wollte nicht unhöflich sein.»

Er ließ sein Pferd einen lebhaften Trab neben ihrem gehen und lehnte sich im Sattel zurück. «Sie kommen also viel hierher, oder wie?» fragte er.

«Ich komme ziemlich oft.»

«Nirgends reite ich lieber. Der ganze Staat Ohio ist nicht so prima zum Reiten wie dieser kleine Rasen hier. Meinen Sie nicht?»

«Ich war nie in Ohio.»

«Dann haben Sie Glück gehabt, glauben Sie mir.» Er dehnte die Arme vor behaglicher Langeweile über das Thema Ohio. «Es ist das Letzte. Nichts als Bauern und Musikstudenten. Sie würden es scheußlich finden, schloß er vertraulich.

Sie schwieg.

«Natürlich kann ich mir nicht vorstellen, daß Sie dorthin gehen würden. Ich wette, Sie bleiben meistens in der Stadt. Immerhin sehe ich Sie jeden Sonntag.»

Endlich sah sie ihn an: «Sie sehen mich jeden Sonntag?»

«Na ja, ich meine, der einzige Tag, wo ich hierher komme, ist der Sonntag.»

«Ich weiß nicht, wovon Sie reden», sagte sie sanft. «Ich habe Sie noch nie hier gesehen.»

«Mich nie gesehen? Natürlich haben Sie mich gesehen! Ich bin der, an dem Sie immer vorbeireiten, wenn ich andersherum komme. Sie lächeln immer ein wenig. Das bin ich.»

Sie zog ihren Seidenschal fester um den Hals und schüt-

throat, and shook her head. "You must have me confused with someone else," she said.

"You're the one who's confused," he said uncertainly.

"Oh, no," she whispered. "I never smile at anyone while I'm riding." She turned her head away, and the wind splashed one end of the scarf against her cheek. "I'm sorry," she said, "but I really – I really do have to go." She dug her heels into her horse's sides. He heaved himself into a trot.

The man watched her go. She posted with perfect regularity. Her brown velvet hat slipped forward a little, and her hair flared out behind her like a bright rudder.

He shook his head and turned his horse. Slowly, carelessly, he began to ride counterclockwise around the reservoir.

telte den Kopf. «Sie müssen da was durcheinander bringen», sagte sie.

«Sie sind es, die durcheinander ist», sagte er unsicher.

«Oh nein», flüsterte sie. «Ich lächele nie irgendjemanden an, wenn ich reite.» Sie drehte den Kopf zur Seite, und der Wind schlug ihr ein Ende des Schals gegen die Wange. «Es tut mir leid», sagte sie,

«aber ich muß wirklich – ich muß wirklich weg.» Sie drückte die Absätze gegen die Flanken des Pferdes. Es setzte sich in Trab.

Der Mann sah ihr nach. Sie saß aufrecht in vollendeter Form. Ihr brauner Samthut war ein wenig nach vorn gerutscht, und ihr Haar funkelte hinter ihr wie ein glänzendes Ruder.

Er schüttelte den Kopf und wendete sein Pferd. Langsam, sorglos, begann er gegen den Uhrzeigersinn um den Wasserturm zu reiten.

Rosa could not tell her sister how scared she was or how glad she was that she had consented to come with her. Instead they made small talk on the plane, and Rosa looked out of the window at the clouds.

It was a kind of sentimental journey for Rosa, months too late, going to visit the aunt in whose house their grandfather had died. She did not even know why she must do it: she had spent the earlier part of the summer in such far-flung places as Cyprus und Greece. Jamaica. She was at a place in her life where she seemed to have no place. She'd left the brownstone in Park Slope, given up the car and cat. Her child was at camp. She was in pain. That, at least, she knew. She hardly slept. If she did sleep, her dreams were cold, desolate, and full of static. She ate spaghetti, mostly, with shrimp, from a recipe cut out from the *Times*. She listened to the jazz radio station all the time, her heart in her mouth.

"So how is Ivan?" her sister, Barbara, asked.

Barbara was still fond of her brother-in-law, and hurt that after his divorce from Rosa he'd sunk back into the white world so completely that even a Christmas card was too much trouble to send people who had come to love him.

"Oh, fine," Rosa said. "Living with a nice Jewish girl, at last." Which might have explained the absence of a Christmas card, Rosa thought, but she knew it really didn't.

"Really? What's she like?"

"Warm. Attractive. Loves him."

178 This was mostly guesswork on Rosa's part; she'd
179 met Sheila only once. She hoped she had these

Alice Walker
Verwandte Seelen

Rosa konnte ihrer Schwester gar nicht sagen, wie erschrokken oder wie froh sie war, daß sie zugestimmt hatte mitzukommen. Statt dessen redeten sie im Flugzeug von belanglosen Dingen, und Rosa schaute aus dem Fenster nach den Wolken.

Es war eine Art sentimentale Reise für Rosa, um Monate verspätet besuchten sie die Tante, bei der ihr Großvater gestorben war. Sie wußte nicht einmal, warum sie es tun mußte: sie hatte den Frühsommer an so weit entfernten Orten wie Zypern und Griechenland verbracht. Jamaika. Sie befand sich an einem Punkt in ihrem Leben, wo sie kein Zuhause zu haben schien. Sie hatte das Sandsteinhaus am Park Slope verlassen, das Auto und die Katze aufgegeben. Ihr Kind war im Ferienlager. Sie hatte Sorgen. Das zumindest wußte sie. Sie schlief kaum. Und wenn sie schlief, waren ihre Träume kalt, trostlos und ohne Bewegung. Sie aß meistens Spaghetti mit Shrimps nach einem Rezept, das sie aus der Times ausgeschnitten hatte. Sie hörte die ganze Zeit den Radiosender mit Jazz und war vollkommen verängstigt.

«Und wie geht es Ivan?» fragte ihre Schwester Barbara.

Barbara mochte ihren Schwager immer noch und war verletzt, daß er nach seiner Scheidung von Rosa wieder so vollkommen in die Welt der Weißen eingetaucht war, daß es ihm sogar zu viel war, den Leuten, die ihn lieben gelernt hatten, eine Weihnachtskarte zu schicken.

«Oh, gut», sagte Rosa. «Schließlich lebt er mit einem netten jüdischen Mädchen zusammen.» Was das Ausbleiben der Weihnachtskarte erklären könnte, dachte Rosa, aber sie wußte, daß es das nicht war.

«Wirklich? Wie ist sie?»

«Warm. Anziehend. Liebt ihn.»

Das waren größtenteils Vermutungen von Rosa; sie hatte Sheila erst einmal getroffen. Sie hoffte, daß sie diese Eigen-

attributes, for his sake. A week after she'd moved out of the brownstone, Sheila had moved in, and all her in-laws, especially Ivan's mother, seemed very happy. Once Rosa had "borrowed" the car (her own, which she'd left with him), and when she returned it, mother and girlfriend met her at her own front gate, barring her way into her own house, their faces flushed with the victory of finally seeing her outside where she belonged. Music and laughter of many guests came from inside.

But did she care? No. She was free. She took to the sidewalk, the heels of her burgundy suede boots clicking, free. Her heart making itself still by force. *Ah*, but then at night when she slept, it awoke, and the clicking of her heels was nothing to the rattling and crackling of her heart.

"Mama misses him," said Barbara.

Rosa knew she did. How could she even begin to understand that this son-in-law she doted on was incapable, after divorcing her daughter, of even calling on the phone to ask how she felt, as she suffered stroke after frightening and debilitating stroke? It must have seemed totally unnatural to her, a woman who had rushed to comfort the sick and shut-in all her life. It seemed unnatural even to Rosa, who about most other things was able to take a somewhat more modern view.

At last they were in sight of the Miami airport. Before they could be prevented by the stewardess, Barbara and Rosa managed to exchange seats. Barbara sat by the window because she flew very rarely and it was a treat for her to "see herself" landing. Rosa no longer cared to look down. She had traveled so much that summer. The trip to Cyprus in particular had been so long it had made her want to scream. And then, in Nicosia, the weather was
180 abominable. One hundred twenty degrees. It hurt to
181 breathe. And there had been days of visiting Greeks

schaften hatte, um seinetwillen. Eine Woche nachdem sie aus dem Sandsteinhaus ausgezogen war, war Sheila eingezogen, und all ihre Schwiegerleute, besonders Ivans Mutter, schienen sehr glücklich. Einmal hatte Rosa sich ihr Auto «geliehen» (ihr eigenes, das sie ihm gelassen hatte), und als sie es zurückbrachte, fingen Mutter und Freundin sie an ihrer eigenen Haustür ab, versperrten ihr den Weg in ihr eigenes Haus, die Gesichter gerötet von dem Sieg, sie endlich draußen zu sehen, wo sie hingehörte. Man hörte von drinnen Musik und das Lachen vieler Gäste.

Aber machte es ihr etwas aus? Nein. Sie war frei. Sie lief auf dem Bürgersteig, die Absätze ihrer burgunderfarbenen Lederstiefel klapperten, sie war frei. Sie zwang ihr Herz, sich zu beruhigen. Ach, aber dann, nachts wenn sie schlief, erwachte es, und das Klappern ihrer Absätze war nichts anderes als das Schlagen und Springen ihres Herzens.

«Mama vermißt ihn», sagte Barbara.

Rosa wußte das. Wie konnte sie auch nur halbwegs verstehen, daß dieser Schwiegersohn, in den sie vernarrt war, es nicht fertigbrachte, nachdem er von ihrer Tochter geschieden war, sie auch nur anzurufen und zu fragen, wie es ihr ging, als sie einen beängstigenden und schwächenden Anfall nach dem andern erlitt? Es mußte ihr vollkommen unnatürlich vorkommen, einer Frau, die sich ihr Leben lang bemüht hatte, Kranken und Eingesperrten zu helfen. Es kam selbst Rosa unnatürlich vor, die über die meisten Dinge eine irgendwie modernere Ansicht haben konnte.

Schließlich sahen sie den Flughafen von Miami. Bevor die Stewardess sie daran hindern konnte, hatten Barbara und Rosa die Plätze gewechselt. Barbara saß am Fenster, weil sie sehr wenig flog, und es war ihr ein Genuß, «sich selbst» landen zu sehen. Rosa hatte keine Lust mehr, hinunter zu schauen. Sie war in diesem Sommer so viel gereist. Besonders der Flug nach Zypern war so lang gewesen, daß sie hätte schreien können. Und dann war das Wetter in Nikosia abscheulich. Fünfundvierzig Grad. Es tat weh zu atmen. Und es gab Tage, an denen sie Griechen in Flüchtlingslagern besuchte, Sozialisten zuhörte und eine Familie

in refugee camps and listening to socialists and visiting the home of a family in which an only son – standing next to a socialist leader at a rally – was assassinated by mistake. Though it had happened over a year earlier his father still wept as he told of it, and looked with great regret at his surviving daughter and *her* small daughter. "A man must have many sons," he said over and over, never seeming to realize that under conditions of war even a dozen sons could be killed. And not under war alone.

And then Rosa had flown to Greece, and Athens had been like New York City in late July and the Parthenon tiny...

When they arrived at the Miami airport they looked about with the slightly anxious interest of travelers who still remembered segregated travel facilities. If a white person had materialized beside them and pointed out a colored section they would have attacked him or her on principle, but have been only somewhat surprised. Their formative years had been lived under racist restrictions so pervasive that wherever they traveled in the world they expected, on some level, in themselves and in whatever physical circumstances they found themselves, to encounter some, if only symbolic, racial barrier.

And there it was now: on a poster across from them a blond white woman and her dark-haired male partner danced under the stars while a black band played and a black waiter waited and a black chef beamed from the kitchen.

A striking woman, black as midnight, in a blue pastel cotton dress, tall, straight of bearing, with a firm bun of silver-white hair, bore down upon them.

It's me, thought Rosa. My old self.

"Aunt Lily!" said Barbara, smiling and throwing her arms around her.

When it was her turn to be hugged, Rosa gave herself up to it, enjoying the smells of baby sham-

besuchte, deren einziger Sohn – als er bei einer Versammlung neben einem Sozialistenführer stand – aus Versehen ermordet wurde. Obwohl es über ein Jahr zuvor geschehen war, weinte sein Vater noch, als er es erzählte und schaute mit großem Bedauern auf seine überlebende Tochter und deren kleine Tochter. «Ein Mann muß viele Söhne haben», sagte er immer und immer wieder, und es schien ihm nicht klar zu sein, daß unter Kriegsbedingungen auch ein Dutzend Söhne getötet werden könnte. Und nicht nur im Krieg.

Und dann war Rosa nach Griechenland geflogen, und Athen war wie New York im späten Juli gewesen, und das Parthenon so winzig...

Als sie am Flughafen von Miami ankamen, schauten sie sich mit der etwas ängstlichen Aufmerksamkeit von Reisenden um, die sich noch an die Rassentrennung in Verkehrsmitteln erinnern konnten. Wenn jemand Weißes neben ihnen aufgetaucht wäre und ihnen eine Abteilung für Schwarze gezeigt hätte, hätten sie ihn oder sie aus Prinzip angegriffen, aber sie wären nur wenig überrascht gewesen. Ihre entscheidenden Jahre hatten sie unter so alles durchdringenden rassistischen Zumutungen verbracht, daß sie, wo immer sie hinkamen, und wie immer sie sich befinden mochten, damit rechneten, an irgend eine, wenn auch nur symbolische Rassenschranke zu geraten.

Und da war sie nun: Auf einem Plakat vor ihnen tanzten eine blonde weiße Frau und ihr dunkelhaariger Partner unter Sternen, während eine schwarze Band spielte, und ein schwarzer Kellner bediente, und ein schwarzer Koch aus der Küche strahlte.

Eine auffallende Frau, schwarz wie die Nacht, in einem hellblauen Baumwollkleid, groß, aufrecht, das silberweiße Haar zum Knoten, beugte sich zu ihnen herunter.

Das bin ich, dachte Rosa. Ich, wenn ich alt bin.

«Tante Lily!» sagte Barbara, lächelte und warf die Arme um sie.

Als sie mit Umarmen an der Reihe war, ließ Rosa es geschehen und genoß den Geruch von Babyshampoo, Jergens

poo, Jergens lotion, and Evening in Paris remembered from childhood embraces, which, on second sniff, she decided was all Charlie. That was this aunt, full of change and contradictions, as she had known her.

Not that she ever had, really. Aunt Lily had come to visit summers, when Rosa was a child. She had been straight and black and as vibrant as fire. She was always with her husband, whose tan face seemed weak next to hers. He drove the car, but she steered it; the same seemed true of their lives.

They had moved to Florida years ago, looking for a better life "somewhere else in the South that wasn't so full of southerners." Looking at her aunt now – with her imperial bearing, directness of speech, and great height – Rosa could not imagine anyone having the nerve to condescend to her, or worse, attempt to cheat her. Once again Rosa was amazed at the white man's arrogance and racist laws. Ten years earlier this sweet-smelling, squeaky-clean aunt of hers would not have been permitted to try on a dress in local department stores. She could not have drunk at certain fountains. The main restaurants of the city would have been closed to her. The public library. The vast majority of the city's toilets.

Aunt Lily had an enormous brown station wagon, into which Rosa and Barbara flung their light travel bags. Barbara, older than Rosa and closer to Aunt Lily, sat beside her on the front seat. Rosa sat behind them, looking out the window at the passing scenery, admiring the numerous canals – she was passionately fond of water – and yet wondering about the city's sewerage problems, of which she had heard.

How like them, really, she thought, to build ca-
184 nals around their pretty segregated houses – canals
185 so polluted that to fall into one was to risk disease.

Lotion und Soir de Paris, an das sie sich von Umarmungen aus ihrer Kindheit erinnerte, und von dem sie nach einem zweiten Riechen beschloß, daß es «Charlie» war. Das war die Tante, wechselhaft und widersprüchlich, wie sie sie gekannt hatte.

Nicht, daß sie sie jemals wirklich gekannt hatte. Tante Lily war im Sommer zu Besuch gekommen, als Rosa ein Kind war. Sie war aufrecht gewesen und schwarz und so sprühend wie Feuer. Sie kam immer mit ihrem Mann, dessen gegerbtes Gesicht neben ihrem schwach aussah. Er saß am Steuer, aber sie dirigierte ihn; das gleiche galt für ihr Leben.

Sie waren vor Jahren nach Florida gezogen, auf der Suche nach einem besseren Leben «irgendwo sonst im Süden, wo es nicht so viele Südstaatler gibt». Als sie ihre Tante nun ansah – mit ihrem gebieterischen Verhalten, ihrer klaren Sprache, ihrer Größe – konnte sich Rosa nicht vorstellen, daß jemand den Mut haben könnte, sie herablassend zu behandeln, oder schlimmer, versuchen würde, sie zu betrügen. Wieder war Rosa bestürzt von dem Dünkel der Weißen und ihren rassistischen Gesetzen. Vor zehn Jahren wäre es ihrer wunderbar duftenden, herausfordernd sauberen Tante nicht erlaubt gewesen, im Kaufhaus am Ort ein Kleid anzuprobieren. Sie hätte nicht an bestimmten Brunnen trinken können. Die wichtigsten Restaurants der Stadt wären für sie geschlossen gewesen. Die Bibliothek. Die meisten Toiletten in der Stadt.

Tante Lily hatte einen riesigen braunen Geländewagen, in den Rosa und Barbara ihre leichten Reisetaschen warfen. Barbara, die älter war als Rosa und Tante Lily näherstand, setzte sich neben sie auf den Vordersitz. Rosa saß hinter ihnen, schaute aus dem Fenster nach der vorbeifliegenden Landschaft, bewunderte die zahlreichen Kanäle – sie liebte Wasser leidenschaftlich – und dachte an die Abwasserprobleme der Stadt, von denen sie gehört hatte.

Es sieht ihnen wirklich ähnlich, dachte sie, daß sie Kanäle um ihre hübschen, abgeschiedenen Häuser bauten – Kanäle, die so verschmutzt waren, daß man krank werden konnte, wenn man hineinfiel.

When they arrived at Aunt Lily's squat, green house, with its orange and lemon trees in the yard, far from canals and even streetlights, they were met in the narrow hall by five of her aunt's seven foster children and a young woman who had been a foster child herself but was now sharing the house and helping to look after the children with Aunt Lily. Her name was Raymyna Ann.

Aunt Lily had, a long time ago, a baby son who died. For years she had not seemed to care for children. Rosa had never felt particularly valued by her whenever Aunt Lily had come to visit. Aunt Lily acknowledged her brother's children by bringing them oranges and grapefruit packed in orange net bags, but she rarely hugged or kissed them. Well, she rarely touched these foster children, either, Rosa noticed. There were so many of them, so dark (all as black, precisely, as her aunt) and so woundedly silent. But at dinner the table was piled high with food, the little ones were encouraged to have seconds, and when they all trooped off to bed they did so in a cloud of soapy smells and dazzling linen.

Rosa lay in the tiny guest room, which had been her grandfather's room, and smoked a cigarette. Aunt Lily's face appeared at the door.

"Now, Rosa, I don't allow smoking or drinking in my house."

Rosa rose from the bed to put her cigarette out, her aunt watching her as if she were a child.

"*You* used to smoke and drink," Rosa said, piqued at her aunt's selfrighteous tone.

"Your mama told you that lie," said Aunt Lily, unsmiling. "She was always trying to say I was fast. But I never did drink. I tried to, and it made me sick. Every time she said she didn't want me laying on her freshly made-up bed drunk, I wasn't drunk, I was sick."

Als sie bei Tante Lilys niedrigem, grünem Haus ankamen, mit den Orangen- und Zitronenbäumen im Garten, weit weg von Kanälen und sogar von Straßenlampen, erwarteten sie in dem schmalen Flur fünf von den sieben Pflegekindern ihrer Tante und eine junge Frau, die auch ein Pflegekind gewesen war, aber nun mit im Haus wohnte und Tante Lily bei der Betreuung der Kinder zur Seite stand. Sie hieß Raymina Anna.

Tante Lily hatte vor langer Zeit einen kleinen Jungen gehabt, der als Baby starb. Jahrelang schien es, als mache sie sich nichts aus Kindern. Rosa hatte sich nie besonders von ihr geliebt gefühlt, wenn Tante Lily sie besuchte. Tante Lily erkannte die Kinder ihres Bruders an, indem sie ihnen Apfelsinen und Pampelmusen mitbrachte, die in Netztaschen verpackt waren, aber sie hatte sie selten umarmt oder geküßt. Nun, es fiel Rosa auf, daß sie auch diese Pflegekinder selten anfaßte. Es waren so viele, alle dunkel (genauso schwarz wie ihre Tante) und sie waren auf so verletzte Weise stumm. Aber beim Abendessen war der Tisch mit Essen vollgeladen, die Kleinen wurden ermuntert, ein zweites Mal zuzugreifen, und als sie alle ins Bett abzogen, geschah es in einer Wolke von Seifengeruch und blendend weißer Wäsche.

Rosa lag in dem winzigen Gästezimmer, das das Zimmer ihres Großvaters gewesen war, und rauchte eine Zigarette. Tante Lilys Gesicht erschien in der Tür.

«Also, Rosa, ich erlaube nicht, daß in meinem Haus geraucht oder getrunken wird.»

Rosa stand auf und machte die Zigarette aus, während ihre Tante sie beobachtete, als sei sie ein Kind.

«Du hast früher auch geraucht und getrunken», sagte Rosa, gereizt durch den selbstgerechten Ton ihrer Tante.

«Deine Mama hat dir diese Lüge erzählt», sagte Tante Lily ohne ein Lächeln. «Sie versuchte immer zu behaupten, ich sei liederlich. Aber ich habe niemals getrunken. Ich habe es versucht, und mir wurde übel. Immer wenn sie sagte, sie wolle nicht, daß ich betrunken auf ihrem frisch gemachten Bett liege, war ich nicht betrunken, sondern krank.»

"Oh," said Rosa. She had the unfortunate tendency of studying people very closely when they spoke. It occurred to her for the first time that Aunt Lily didn't like her mother.

But *why* didn't Aunt Lily like her mother? The question nagged at her that night as she tried to sleep, then became lost in the many other questions that presented themselves well into the dawn.

Why, for instance, did Ivan no longer like her? And how could you live with someone for over a decade and "love" them, and then, as soon as you were no longer married, you didn't even like them?

Her marriage had been wonderful, she felt. Only the divorce was horrible.

The most horrible thing of all was losing Ivan's friendship and comradely support, which he yanked out of her reach with a vengeance that sent her reeling. Two weeks after the divorce became final, when she was in the hospital for surgery that only after the fact proved to have been minor, he neither called nor sent a note. Sheila, now his wife, wouldn't have liked it, he later (years later) explained.

The next day all the children were in school, and Barbara stood behind Aunt Lily's chair combing and braiding her long silver hair. Rosa sat on the couch looking at them. Raymyna busily vacuumed the bedroom floors, popping in occasionally to bring the mail or a glass of water. She was getting married in a couple of weeks and would be moving out to start her own family. Rosa had of course not said anything when she heard this, but her inner response was surprise. She could not easily comprehend anyone getting married, now that she no longer was, but it was impossible for her to feel happy at the prospect of yet another poor black woman marrying God knows who and starting a family. She would have thought Raymyna would have already had enough.

«Oh», sagte Rosa. Sie hatte die unglückliche Neigung, die Leute sehr genau zu beobachten, wenn sie sprachen. Zum ersten Mal wurde ihr bewußt, daß Tante Lily ihre Mutter nicht mochte.

Aber warum mochte Tante Lily ihre Mutter nicht? Diese Frage nagte in dieser Nacht an ihr, während sie versuchte zu schlafen und verlor sich dann in den vielen anderen Fragen, die sich ihr bis weit ins Morgengrauen hinein stellten.

Warum, zum Beispiel, mochte Ivan sie nicht mehr? Und wie konnte man mit jemandem über ein Jahrzehnt zusammenleben und ihn «lieben» und ihn dann, sobald man nicht mehr verheiratet war, nicht einmal mehr mögen?

Ihre Ehe war wunderschön gewesen, das spürte sie. Nur die Scheidung war schrecklich.

Das Schrecklichste von allem war, Ivans Freundschaft und kameradschaftliche Unterstützung zu verlieren, die er ihr mit einer Rache entzog, die sie fast umwarf. Zwei Wochen nachdem die Scheidung rechtskräftig war, als sie im Krankenhaus wegen etwas operiert wurde, das sich erst danach als geringfügig herausstellte, rief er weder an, noch schrieb er. Sheila, die nun seine Frau war, hätte es nicht gewollt, erklärte er später (Jahre später).

Am nächsten Tag waren alle Kinder in der Schule, und Barbara stand hinter Tante Lilys Stuhl und kämmte und flocht ihr langes, silbernes Haar. Rosa saß auf der Couch und sah ihnen zu. Raymyna staubsaugte eifrig die Böden der Schlafzimmer und schaute hin und wieder herein, um die Post oder ein Glas Wasser zu bringen. Sie würde in ein paar Wochen heiraten und ausziehen, um eine eigene Familie zu gründen. Rosa hatte natürlich nichts gesagt, als sie das hörte, aber innerlich war sie überrascht. Sie konnte schon nicht so leicht verstehen, daß jemand heiratete, jetzt, da sie nicht länger verheiratet war, aber es war ihr unmöglich, glücklich zu sein bei der Vorstellung, daß wieder eine arme schwarze Frau Gott-weiß-wen heiratete und eine Familie gründete. Sie hätte gedacht, Raymyna hätte schon genug davon.

But who was she to talk. Miss Cynical. She had married. And enjoyed it. She had had a child, and adored it.

In the afternoon her aunt and Raymyna took them sight-seeing. As she understood matters from the local newspapers, all the water she saw – whether canal, river, or ocean – was polluted beyond recall, so that it was hard even to look at it, much less to look at it admiringly. She could only gaze at it in sympathy. The beach she also found pitiable. In their attempt to hog it away from the poor, the black, and the local in general, the beachfront "developers" had erected massive boxlike hotels that blocked the view of the water for all except those rich enough to pay for rooms on the beach side of the hotels. Through the cracks between hotels Rosa saw the mostly elderly sun worshipers walking along what seemed to be a pebbly, eroded beach, stretching out their poor white necks to the sun.

Of course they cruised through Little Havana, which stretched for miles. Rosa looked at the new Cuban immigrants with interest. *Gusanos*, Fidel called them, "worms." She was startled to see that already they seemed as a group to live better and to have more material goods than the black people. Like many Americans who supported the Cuban revolution, she found the Cubans who left Cuba somewhat less noble than the ones who stayed. Clearly the ones who left were the ones with money. Hardly anyone in Cuba could afford the houses, the cars, the clothes, the television sets, and the lawn mowers she saw.

At dinner she tried to explain why and how she had missed her grandfather's funeral. The telegram had come the evening before she left for Cyprus.
190 As she had left her stoop the next morning she had
191 felt herself heading in the wrong direction. But she

Aber wer war sie, um dazu etwas zu sagen? Frau Abgebrüht. Sie hatte geheiratet. Und es genossen. Sie hatte ein Kind bekommen und betete es an.

Am Nachmittag machten ihre Tante und Raymyna eine Besichtigungsfahrt mit ihnen. Wie sie in den örtlichen Zeitungen gelesen hatte, war all das Wasser, das sie sah – ob Kanal, Fluß oder Meer – rettungslos verschmutzt, so daß es ihr schwerfiel, es anzuschauen, geschweige denn bewundernd anzuschauen. Sie konnte es nur voller Mitgefühl anstarren. Auch den Strand fand sie erbärmlich. Bei dem Versuch, ihn den Armen, den Schwarzen und den Ortsansässigen überhaupt vorzuenthalten, hatten die Leute, die den Küstenstreifen «erschlossen», massive, kastenartige Hotels errichtet, die allen den Blick auf das Wasser verwehrten außer denen, die reich genug waren, ein Hotelzimmer mit Blick aufs Meer zu bezahlen. Durch die Spalten zwischen den Hotels sah Rosa die zumeist älteren Sonnenanbeter, die am offenbar steinigen, verwitterten Strand entlang liefen und ihre armen, weißen Hälse der Sonne entgegen reckten.

Natürlich fuhren sie durch Little Havanna, das sich meilenweit erstreckte. Rosa sah sich die neuen kubanischen Einwanderer aufmerksam an. *Gusanos* nannte Fidel sie, «Würmer». Sie war bestürzt, als sie sah, daß die meisten offenbar schon besser lebten und mehr Besitz hatten, als die Schwarzen.

Wie viele Amerikaner, die für die kubanische Revolution waren, fand sie die Kubaner, die Kuba verließen, irgendwie weniger edel als die, die blieben. Natürlich waren die, die weggingen, Leute mit Geld. Kaum jemand in Kuba könnte sich die Häuser, die Autos, die Kleider, die Fernsehapparate und die Rasenmäher leisten, wie man sie hier sah.

Beim Abendessen versuchte sie zu erklären, warum und wie sie das Begräbnis ihres Großvaters versäumt hatte. Das Telegramm war am Abend, bevor sie nach Zypern abreiste, gekommen. Als sie am nächsten Morgen die Veranda hinunterging, hatte sie das Gefühl, in die falsche Richtung zu

could not stop herself. It had taken all her meager energy to plan the trip to Cyprus, with a friend who claimed it was beautiful, and she simply could not think to change her plans. Nor could she, still bearing the wounds of her separation from Ivan, face her family.

Barbara and Aunt Lily listened to her patiently. It didn't surprise her that neither knew where Cyprus was, or what its politics and history were. She told them about the man whose son was killed and how he seemed to hate his "worthless" daughter for being alive.

"Women are not valued in their culture," she explained. "In fact, the Greeks, the Turks, and the Cypriots have this one thing in common, though they fight over everything else. The father kept saying, ‚A man should have many sons.' His wife flinched guiltily when he said it."

"After Ma died, I went and got my father," Aunt Lily was saying. "And I told him, ‚No smoking and drinking in my house.'"

But her grandfather had always smoked. He smoked a pipe. Rosa had liked the smell of it.

"And no card playing and no noise and no complaining, because I don't want to hear it."

Others of Rosa's brothers and sister had come to see him. She had been afraid to. In the pictures she saw, he always looked happy. When he was not dead-tired or drunk, happy was how he'd looked. A deeply silent man, with those odd peaceful eyes. She did not know, and she was confident her aunt didn't, what he really thought about anything. So he had stopped smoking, her aunt thought, but Rosa's brothers had always slipped him tobacco. He had stopped drinking. That was possible. Even before his wife, Rosa's grandmother, had died, he had given up liquor. Or, as he said, it had given him

gehen, aber sie konnte es nicht ändern. Sie hatte ihre ganze wenige Energie gebraucht, um die Reise nach Zypern zu planen mit einer Freundin, die behauptete, es sei wunderschön, und sie konnte ihre Pläne einfach nicht ändern. Auch konnte sie, da sie immer noch an den Wunden der Trennung von Ivan litt, ihrer Familie nicht gegenübertreten.

Barbara und Tante Lily hörten ihr geduldig zu. Es überraschte sie nicht, daß sie weder wußten, wo Zypern lag, noch etwas über seine Politik und Geschichte. Sie erzählte ihnen von dem Mann, dessen Sohn getötet wurde, und wie er seine «wertlose» Tochter zu hassen schien, weil sie noch lebte.

«Frauen zählen in ihrer Kultur nicht», erklärte sie. «Tatsächlich haben die Griechen, die Türken und die Zyprioten dieses eine gemeinsam, obwohl sie sich wegen allem andern bekämpfen. Der Vater sagte immer wieder ‹Ein Mann sollte viele Söhne haben.› Seine Frau zuckte schuldbewußt zusammen, als er es sagte.»

«Als Mutter starb, holte ich meinen Vater», erzählte Tante Lily. «Und ich sagte ihm: ‹In meinem Haus wird weder geraucht noch getrunken.›»

Aber ihr Großvater hatte immer geraucht. Er rauchte Pfeife. Rosa hatte den Geruch gemocht.

«Und es wird nicht Karten gespielt, Lärm gemacht oder gejammert, weil ich es nicht hören will.»

Einige von Rosas Geschwistern hatten ihn besucht. Sie hatte davor Angst gehabt. Auf den Bildern, die sie hatte, sah er immer glücklich aus. Wenn er nicht todmüde oder betrunken war, sah er wirklich glücklich aus. Ein sehr schweigsamer Mann, mit so seltsam friedlichen Augen. Sie wußte nicht, und war sicher, ihre Tante wußte auch nicht, was er wirklich dachte.

Er hatte aufgehört zu rauchen, dachte ihre Tante, aber Rosas Brüder hatten ihm immer Tabak zugesteckt. Er hatte aufgehört zu trinken. Das war möglich. Schon bevor seine Frau, Rosas Großmutter, gestorben war, hatte er den Alkohol aufgegeben. Also, kein Lärm. Wenig

up. So, no noise. Little company. No complaining. But he wasn't the complaining type, was he? He liked best of all, Rosa thought, to be left alone. And he liked baseball. She felt he had liked her too. She hoped he did. But never did he say so. And he was so stingy! In her whole life he'd only given her fifteen cents. On the other hand, he'd financed her sister Barbara's trade-school education, which her father, his son, had refused to do.

Was that what she had held against him on the flight toward the Middle East? There was no excuse, she'd known it all the time. She needed to be back there, to say goodbye to the spiritcase. For wasn't she beginning to understand the appearance of his spiritcase as her own spirit struggled and suffered?

That night, massaging Barbara's thin shoulders before turning in, she looked into her own face reflected in the bureau mirror. She was beginning to have the look her grandfather had when he was very, very tired. The look he got just before something broke in him and he went on a mind-killing drunk. It was there in her eyes. So clearly. The look of abandonment. Of having no support. Of loneliness so severe every minute was a chant against self-destruction.

She massaged Barbara, but she knew her touch was that of a stranger. At what point, she wondered, did you lose connection with the people you loved? And she remembered going to visit Barbara when she was in college and Barbara lived a short bus ride away. And she was present when Barbara's husband beat her and called her names and once he had locked both of them out of the house overnight. And her sister called the police and they seemed nice to Rosa, so recently up from the South, but in fact they were bored and cynical as
194 they listened to Barbara's familiar complaint. Rosa
195 was embarrassed and couldn't believe anything so

Besuch. Kein Jammern. Aber er war nicht jämmerlich, oder? Am liebsten war es ihm, dachte Rosa, wenn man ihn in Ruhe ließ. Und er mochte Baseball. Sie glaubte, daß er auch sie gemocht hatte. Sie hoffte es. Aber er hatte es nie gesagt. Und er war so geizig!

In ihrem ganzen Leben hatte er ihr nur fünfzehn Cents gegeben. Andererseits hatte er die Handelsschulausbildung ihrer Schwester Barbara bezahlt, was ihr Vater, sein Sohn, abgelehnt hatte.

War es das, was sie ihm auf ihrem Flug in den Mittleren Osten entgegengehalten hatte? Es gab keine Entschuldigung, das wußte sie schon die ganze Zeit. Sie hätte da sein müssen, um sich von seiner Individualität zu verabschieden. Denn begann sie nicht gerade, das Phänomen seiner Individualität zu verstehen, nun da ihre eigene Seele kämpfte und litt?

Am Abend als sie Barbaras magere Schultern massierte, bevor sie zu Bett gingen, sah sie ihr eigenes Gesicht im Spiegel über der Kommode. Sie sah aus wie ihr Großvater, wenn er sehr, sehr müde war. Wie er aussah, bevor etwas in ihm zerbrach und er ein selbstzerstörerischer Trinker wurde. Es war ein Ausdruck in ihren Augen. Ganz deutlich. Das Aufgeben. Keine Hilfe zu haben. Die Einsamkeit, die so schlimm war, daß jede Minute ein Sieg über die Selbstzerstörung war.

Sie massierte Barbara, aber sie wußte, daß jede Berührung wie die einer Fremden war. Sie überlegte, an welchem Punkt man die Verbindung zu den Menschen verlor, die man liebte. Sie erinnerte sich daran, wie sie Barbara besuchte, als sie im College war, und Barbara nur ein paar Bushaltestellen entfernt wohnte. Sie war dabei, als Barbaras Mann seine Frau schlug und mit Schimpfnamen belegte, und einmal hatte er sie beide über Nacht ausgesperrt. Ihre Schwester rief die Polizei, und Rosa, die erst vor kurzem aus dem Süden heraufgekommen war, fand, daß die Polizisten nett waren, aber in Wirklichkeit waren sie gelangweilt und kaltschnäuzig, während sie Barbaras allbekannten Beschwerden zuhörten. Rosa war entsetzt und konnte nicht glauben, daß einem

sordid could be happening to them, so respected was their family in the small town they were from. But, in any event, Barbara continued to live with her husband many more years. Rosa was so hurt and angry she wanted to kill, but most of all, she was disappointed in Barbara, who threw herself into the inevitable weekend battles with passionately vulgar language Rosa had never heard any woman, not to mention her gentle sister, use before. Her sister's spirit seemed polluted to her, so much so that the sister she had known as a child seemed gone altogether.

Was disappointment, then, the hardest thing to bear? Or was it the consciousness of being powerless to change things, to help? And certainly she had been very conscious of that. As her brother-in-law punched out her sister, Rosa had almost felt the blows on her body. But she had not flung herself between them wielding a butcher knife, as she had done once when Barbara was being attacked by their father, another raving madman.

Barbara had wanted to go to their brother's grammar-school graduation. Their father had insisted that she go to the funeral of an elderly church mother instead. Barbara had tried to refuse. But *crack*, he had slapped her across the face. She was sixteen, plump, and lovely. Rosa adored her. She ran immediately to get the knife, but she was so small no one seemed to notice her, wedging herself between them. But had she been larger and stronger she might have killed him, for even as a child she was serious in all she did – and then what would her life, the life of a murderer, have been like?

Thinking of that day now, she wept. At her love, at her sister's anguish.

Barbara had been forced to go to the funeral, the print of her father's fingers hidden by powder and rouge. Rosa had been little and weak, and she did

von ihnen etwas so Gemeines angetan werden könnte, so angesehen war ihre Familie in der kleinen Stadt, aus der sie kamen. Aber jedenfalls blieb Barbara noch für viele Jahre bei ihrem Mann. Rosa war so verletzt und zornig, daß sie Mordlust verspürte, aber vor allen Dingen war sie enttäuscht von Barbara, die sich in die unvermeidlichen Wochenendstreitigkeiten stürzte und dabei eine heftige, gewöhnliche Sprache benutzte, die Rosa noch von keiner Frau, geschweige denn ihrer sanften Schwester, gehört hatte. Die Seele ihrer Schwester kam ihr so sehr beschmutzt vor, daß es die Schwester, die sie als Kind gekannt hatte, gar nicht mehr zu geben schien.

War dann Enttäuschung das Schlimmste, was man ertragen mußte? Oder war es das Bewußtsein der Ohnmacht, die Dinge nicht ändern, nicht helfen zu können? Als ihr Schwager ihre Schwester verprügelte, hatte sie die Schläge fast körperlich gespürt. Aber sie hatte sich nicht mit einem Fleischermesser dazwischen geworfen, wie sie es einmal getan hatte, als Barbara von ihrem Vater, einen ebensolchen Wahnsinnigen, angegriffen wurde.

Barbara hatte zur Schulabschlußfeier ihres Bruders gehen wollen. Ihr Vater hatte darauf bestanden, daß sie stattdessen zur Beerdigung einer ältlichen Kirchendame ging. Barbara hatte versucht, sich durchzusetzen. Aber – klatsch – hatte er sie ins Gesicht geschlagen. Sie war sechzehn, mollig und niedlich. Rosa betete sie an.

Sie rannte sofort los und holte ein Messer, aber sie war so klein, und keiner schien zu merken, wie sie sich zwischen sie zwängte. Aber wenn sie größer und stärker gewesen wäre, hätte sie ihn vielleicht getötet, denn schon als Kind tat sie alles mit großem Ernst – und wie wäre dann ihr Leben verlaufen, das Leben einer Mörderin?

Als sie nun an jenen Tag dachte, weinte sie. Über ihre Liebe, über die Qual ihrer Schwester.

Barbara wurde gezwungen, zur Beerdigung zu gehen, die Spuren von den Fingern ihres Vaters wurden unter Puder und Rouge versteckt. Rosa war klein und schwach gewesen,

not understand what was going on anyway between her father and her sister. To her, her father acted like he was jealous. And in college later, after such a long struggle to get there, how could she stab her brother-in-law to death without killing her future, herself? And so she had lain on her narrow folda-way cot in the tiny kitchen in the stuffy apartment over the Laundromat and had listened to the cries and whispers, the pummelings, the screams and pleas. And then, still awake, she listened to the sibilant sounds of "making up," harder to bear and to understand than the fights.

She had not killed for her sister. (And one would have had to kill the mindless drunken brutalizing husband; a blow to the head might only have made him more angry.) Her guilt had soon clouded over the love, and around Barbara she retreated into a silence that she now realized was very like her grandfather's. The sign in him of disappointment hinged to powerlessness. A thoughtful black man in the racist early-twentieth-century South, he probably could have told her a thing or two about the squeaking of the hinge. But had he? No. He'd only complained about his wife, and so convincingly that for a time Rosa, like everyone else in the family, lost respect for her grandmother. It seemed her problem was that she was not mentally quick; and because she stayed with him even as he said this, Rosa and her relatives were quick to agree. Yet there was nowhere else she could have gone. Perhaps her grandfather had found the house in which they lived, but she, her grandmother, had made it a home. Once the grandmother died, the house seemed empty, though he remained behind until Aunt Lily had moved him into her house in Miami.

198 The day before Rosa and Barbara were to fly
199 back north, Aunt Lily was handing out the re-

und sie verstand sowieso nicht, was zwischen ihrem Vater und ihrer Schwester vor sich ging. Sie fand, ihr Vater benahm sich, als sei er eifersüchtig. Und später an der Universität, nachdem sie so lange gekämpft hatte um hinzukommen, wie konnte sie da ihren Schwager erstechen, ohne ihre Zukunft und sich selbst zu vernichten? Und so hatte sie in ihrem schmalen, zusammenklappbaren Feldbett in der winzigen Küche der dumpfen Wohnung über dem Waschsalon gelegen und das Weinen und das Geflüster gehört, die Schläge, die Schreie, die Entschuldigungen. Und, immer noch wach, hörte sie die zischenden Laute des «Versöhnens», die noch schwerer zu ertragen und zu verstehen waren als die Streitereien.

Sie hatte nicht für ihre Schwester getötet. (Und man hätte den unvernünftigen, betrunkenen, brutalen Ehemann töten müssen; ein Schlag auf den Kopf hätte ihn vielleicht nur noch zorniger gemacht.) Ihre Schuld hatte Schatten auf die Liebe geworfen, und im Umgang mit Barbara zog sie sich in ein Schweigen zurück, von dem sie nun erkannte, daß es dem ihres Großvaters sehr ähnlich war. Bei ihm wurde Enttäuschung zu Ohnmacht. Ein nachdenklicher schwarzer Mann im rassistischen Süden der frühen Zwanziger Jahre, der ihr wahrscheinlich das eine oder andere über die aufregende Veränderung hätte erzählen können. Aber hatte er es getan? Nein. Er hatte sich nur über seine Frau beklagt, und zwar so überzeugend, daß Rosa eine Zeitlang, wie jeder in der Familie, die Achtung vor ihrer Großmutter verloren hatte, deren Schwierigkeit darin zu liegen schien, daß sie geistig nicht sehr rege war; und weil sie sogar bei ihm blieb, als er das sagte, stimmten Rosa und ihre Verwandten eifrig zu. Allerdings gab es nichts, wo sie hätte hingehen können. Wohl hatte ihr Großvater das Haus entdeckt, in dem sie wohnten, aber sie, ihre Großmutter, hatte es zu einem Zuhause gemacht. Sobald die Großmutter starb, schien das Haus leer, obwohl er darin zurückblieb, bis Tante Lily ihn zu sich nach Hause geholt hatte.

Am Tag bevor Rosa und Barbara zurück in den Norden fliegen sollten, verteilte Tante Lily die übrig gebliebenen

maining odds and ends of their grandfather's things. Barbara got the trunk, that magic repository of tobacco and candy when they were children. Rosa received a small shaving mirror with a gilt lion on its back. There were several of the large, white "twenty-five-cent hanskers" her grandfather had used. The granddaughters received half a dozen each. That left only her grandfather's hats. One brown and one gray: old, worn, none-too-clean fedoras. Rosa knew Barbara was far too fastidious to want them. She placed one on her head. She loved how she looked – she looked like him – in it.

It was killing her, how much she loved him. And he'd been so mean to her grandmother, and so stingy too. Once he had locked her grandmother out of the house because she had bought herself a penny stick of candy from the grocery money. But this was a story her parents told her, from a time before Rosa was born.

By the time she knew him he was mostly beautiful. Peaceful, mystical almost, in his silences and calm, and she realized he was imprinted on her heart just that way. It really did not seem fair.

To check her tears, she turned to Aunt Lily.

"Tell me what my father was like as a boy," she said.

Her aunt looked at her, she felt, with hatred.

"You should have asked him when he was alive."

Rosa looked about for Barbara, who had disappeared into the bathroom. By now she was weeping openly. Her aunt looking at her impassively.

"I don't want to find myself in anything you write. And you can just leave your daddy alone, too."

She could not remember whether she'd ever
200 asked her father about his life. But surely she had,
201 since she knew quite a lot. She turned and walked

Sachen ihres Großvaters. Barbara bekam die Kiste, die zu ihrer Kinderzeit der zauberhafte Aufbewahrungsort für Tabak und Bonbons gewesen war. Rosa erhielt einen kleinen Rasierspiegel mit einem vergoldeten Löwen auf der Rückseite. Es gab mehrere von den großen, weißen «fünfundzwanzig-Cents-Tüchern», die ihr Großvater benutzt hatte. Jede der Enkelinnen bekam ein halbes Dutzend. Dann waren nur noch die Hüte ihres Großvaters übrig. Ein brauner und ein grauer: alte, abgetragene, nicht sehr saubere Filzhüte. Rosa wußte, daß Barbara viel zu heikel war, um sie zu wollen. Sie setzte einen auf. Es gefiel ihr, wie sie aussah – sie sah damit aus wie er.

Es brachte sie fast um, wie sehr sie ihn liebte. Dabei war er so gemein zu ihrer Großmutter gewesen, und auch so geizig. Einmal hatte er ihre Großmutter aus dem Haus ausgesperrt, weil sie sich vom Haushaltsgeld eine Lutschstange für einen Penny gekauft hatte. Aber das war eine Geschichte, die ihre Eltern ihr erzählten, aus der Zeit, bevor Rosa geboren war.

Als sie ihn kannte, war er meistens nett. Friedlich, fast rätselhaft in seinem Schweigen und gelassen, und sie merkte, daß er so und nicht anders in ihrem Herzen eingeprägt war. Es schien wirklich nicht gerecht.

Um nicht weiter zu weinen, wandte sie sich zu Tante Lily um.

«Erzähl mir, wie mein Vater als kleiner Junge war», sagte sie.

Ihre Tante sah sie, wie sie merkte, haßerfüllt an.

«Du hättest ihn fragen sollen, als er noch lebte.»

Rosa schaute sich nach Barbara um, die im Bad verschwunden war. Jetzt erst weinte sie richtig los. Ihre Tante sah sie ohne Mitleid an.

«Ich möchte mich in nichts von dem, was du schreibst, wiedererkennen. Und du kannst auch gerade deinen Vater in Ruhe lassen.»

Sie konnte sich nicht erinnern, ob sie ihren Vater jemals nach seinem Leben gefragt hatte. Aber sicher hatte sie es, weil sie ziemlich viel wußte. Sie drehte sich um und ging

into the bathroom, forgetful that she was thirty-five, her sister forty-one, and that you can only walk in on your sister in the toilet if you are both children. But it didn't matter. Barbara had always been accessible, always protective. Rosa remembered one afternoon when she was five or six, she and Barbara and a cousin of theirs about Barbara's age set out on an errand. They were walking silently down the dusty road when a large car driven by a white man nearly ran them down. His car sent up billows of dust from the dirt road that stung their eyes and stained their clothes. Instinctively Rosa had picked up a fistful of sand from the road and thrown it after him. He stopped the car, backed it up furiously, and slammed on the brakes, getting out next to them, three black, barefoot girls who looked at him as only they could. Was he a human being? Or a devil? At any rate, he had seen Rosa throw the sand, he said, and he wanted the older girls to warn her against doing such things, "for the little nigger's own good."

Rosa would have admitted throwing the sand. After all, the man had seen her.

But "she didn't throw no sand," said Barbara, quietly, striking a heavy, womanish pose with both hands on her hips.

"She did so," said the man, his face red from heat and anger.

"She didn't," said Barbara.

The cousin simply stared at the man. After all, what was a small handful of sand compared to the billows of sand with which he'd covered them?

Cursing, the man stomped into his car, and drove off.

For a long time it had seemed to Rosa that only black people were always in danger. But there was also the sense that her big sister would know how to help them out of it.

ins Bad, vergessend, daß sie fünfunddreißig war, ihre Schwester einundvierzig, und daß man nur als Kind, wenn die Schwester auf der Toilette ist, hineingehen darf. Aber es machte nichts. Barbara war immer zugänglich gewesen, immer war sie die Beschützende. Rosa erinnerte sich an einen Nachmittag, als sie fünf oder sechs war, und sie, Barbara und eine Cousine in Barbaras Alter eine Besorgung machen mußten. Sie liefen schweigend die staubige Straße entlang, als ein großes Auto, gesteuert von einem weißen Mann, sie beinahe überfuhr.

Das Auto wirbelte Wolken von Staub auf, der in ihren Augen brannte und ihre Kleider beschmutzte. Unwillkürlich hatte Rosa eine Handvoll Sand von der Straße aufgenommen und es ihm nachgeworfen. Er hielt, fuhr wütend rückwärts, trat auf die Bremse und stieg neben ihnen aus, drei schwarze barfüßige Mädchen, die ihn anschauten, wie nur sie es konnten. War er ein Mensch? Oder ein Teufel? Jedenfalls sagte er, er habe Rosa den Sand werfen sehen und wollte, daß die älteren Mädchen sie davor warnten, so etwas zu tun, «zum Besten des kleinen Niggermädchens».

Rosa hätte zugegeben, daß sie den Sand geworfen hatte. Immerhin hatte der Mann sie gesehen.

Aber «sie hat keinen Sand geworfen», sagte Barbara ruhig und nahm eine entschlossene, frauliche Haltung ein mit beiden Händen in den Hüften.

«Doch, hat sie», sagte der Mann mit rotem Gesicht vor Hitze und Wut.

«Nein», sagte Barbara.

Die Cousine starrte den Mann nur an. Was war denn die kleine Handvoll Sand verglichen mit den Sandwolken, mit denen er sie zugedeckt hatte?

Fluchend, stapfte der Mann zu seinem Auto und fuhr weg.

Lange Zeit war es Rosa vorgekommen, als seien nur die Schwarzen ständig in Gefahr. Aber sie hatte auch das Gefühl, daß ihre große Schwester wisse, wie man ihnen daraus heraushelfen könne.

But now, as her sister sat on the commode, Rosa saw a look on her face that she had never seen before, and she realized her sister had heard what Aunt Lily said. It was a look that said she'd got the reply she deserved. For wasn't she always snooping about the family's business and turning things about in her writing in ways that made the family shudder? There was no talking to her as you talked to regular people. The minute you opened your mouth a meter went on. Rosa could read all this on her sister's face. She didn't need to speak. And it was a lonely feeling that she had. For Barbara was right. Aunt Lily, too. And she could no more stop the meter running than she could stop her breath. An odd look across the room fifteen years ago still held the power to make her wonder about it, try to "decipher" or at least understand it. This was her curse: never to be able to forget, truly, but only to appear to forget. And then to record what she could not forget.

Suddenly, in her loneliness, she laughed.

"He was a recorder with his eyes," she said, under her breath. For it seemed to her she'd penetrated her grandfather's serenity, his frequent silences. The meter had ticked in him, too; he, too, was all attentiveness. But for him that had had to be enough. She'd rarely seen him with a pencil in his hand; she thought he'd only had one or two years of school. She imagined him "writing" stories during his long silences merely by thinking them, not embarrassing other people with them, as she did.

She had been obsessed by this old man whom she so definitely resembled. And now, perhaps, she knew why.

We were kindred spirits, she thought, as she sat, one old dusty fedora on her head, the other in her
204 lap, on the plane home. But in a lot of ways, before
205 I knew him, he was a jerk.

Aber jetzt, als ihre Schwester an der Kommode saß, sah Rosa einen Ausdruck in ihrem Gesicht, den sie noch nie gesehen hatte, und es wurde ihr klar, daß sie gehört hatte, was Tante Lily sagte. Es war ein Ausdruck, der besagte, daß sie die Antwort bekommen hatte, die sie verdiente. Denn schnüffelte sie nicht immer in den Familienangelegenheiten herum und verdrehte die Dinge in dem, was sie schrieb, auf eine Weise, die die Familie schaudern ließ? Es gab kein Gespräch mit ihr, wie mit unbefangenen Leuten. Sobald jemand den Mund aufmachte, fing ein Zählwerk an zu laufen. Rosa konnte das alles im Gesicht ihrer Schwester lesen: Sie brauchte nichts zu sagen. Ein Gefühl der Einsamkeit überfiel sie. Denn Barbara hatte Recht. Tante Lily auch. Und sie konnte das Zählwerk genau so wenig abstellen wie ihren Atem. Ein schiefer Blick quer durch den Raum von vor fünfzehn Jahren bewirkte immer noch, daß sie darüber nachdachte, daß sie ihn «deuten» oder wenigstens verstehen wollte. Das war ihr Fluch: nie in Wirklichkeit, sondern nur scheinbar zu vergessen. Und dann aufzuzeichnen, was sie nicht vergessen konnte.

In ihrer Einsamkeit lachte sie plötzlich.

«Er zeichnete mit den Augen auf», sagte sie atemlos. Denn es schien ihr, als habe sie die Ruhe ihres Großvaters ergründet, sein häufiges Schweigen. Das Zählwerk war auch in ihm gelaufen; auch er war voller Aufmerksamkeit. Aber für ihn hatte das genügen müssen. Sie hatte ihn selten mit dem Bleistift in der Hand gesehen. Sie glaubte, er hatte nur ein oder zwei Jahre die Schule besucht. Sie stellte ihn sich vor, wie er während seines langen Schweigens Geschichten «schrieb», indem er sie einfach dachte und nicht andere Leute in Verlegenheit brachte, wie sie es tat.

Sie war von diesem alten Mann besessen gewesen, dem sie in so vielen Merkmalen ähnelte. Und nun wußte sie vielleicht warum.

Wir waren verwandte Seelen, dachte sie, als sie im Flugzeug nach Hause saß, den einen alten, verstaubten Filzhut auf dem Kopf, den andern auf dem Schoß. Aber bevor ich ihn kannte, war er in vieler Hinsicht ein Narr.

She thought of Ivan. For it was something both of them had said often about their relationship: that though he was white and she was black, they were in fact kindred spirits. And she had thought so, until the divorce, after which his spirit became as unfathomable to her as her grandfather's would have been before she knew him. But perhaps Ivan, too, was simply acting like a jerk?

She felt, as she munched the dry crackers and cheese the pert stewardess brought, in the very wreckage of her life. She had not really looked at Barbara since that moment in the toilet, when it became clear to her how her sister really perceived her. She knew she would not see Aunt Lily again and that if Aunt Lily died before she herself did, she wouldn't go to her funeral. Nor would she ever, ever write about her. She took a huge swallow of ginger ale and tried to drown out the incessant ticking of the meter.

She stroked the soft felt of her grandfather's hat, thought of how peculiarly the human brain grows, from an almost invisible seed, and how, in this respect, it was rather similar to understanding, a process it engendered. She looked into her grandfather's shaving mirror and her eyes told her she could bear very little more. She felt herself begin to slide into the long silence in which such thoughts would be her sole companions. Maybe she would even find happiness there.

But then, just when she was almost gone, Barbara put on their grandfather's other hat and reached for her hand.

Sie dachte an Ivan. Denn es gab da etwas, das beide oft über ihre Beziehung gesagt hatten, nämlich: daß sie, obwohl er weiß war und sie schwarz, in Wirklichkeit verwandte Seelen waren. Sie hatte es geglaubt bis zur Scheidung, nach der seine Seele für sie so unergründbar wurde, wie die ihres Großvaters gewesen wäre, bevor sie ihn kannte. Aber vielleicht benahm sich Ivan auch einfach nur wie ein Narr?

Während sie die trockenen Cräcker mit Käse kaute, die die hübsche Stewardess brachte, meinte sie auf den Trümmern ihres Lebens zu sitzen. Sie hatte Barbara seit dem Augenblick in der Toilette nicht mehr richtig angesehen, als ihr klar geworden war, was ihre Schwester wirklich von ihr hielt. Sie wußte, daß sie Tante Lily nicht mehr sehen würde, und daß sie, wenn Tante Lily vor ihr starb, nicht zu ihrer Beerdigung gehen würde. Noch würde sie jemals über sie schreiben. Sie nahm einen großen Schluck Ginger Ale und versuchte, das unaufhörliche Ticken des Zählwerks zu ersticken.

Sie streichelte den weichen Filzhut ihres Großvaters und dachte daran, wie einzigartig sich die Erinnerungen der Menschen entwickeln, aus einer fast unsichtbaren Saat, und wie sie – insofern dem logischen Denken ähnlich – ein Geschehen hervorbringen. Sie schaute in den Rasierspiegel ihres Großvaters, und ihre Augen sagten ihr, daß sie nur wenig mehr würde ertragen können. Sie spürte, wie sie langsam in das lange Schweigen glitt, in dem solche Gedanken die einzigen Begleiter sein würden. Vielleicht würde sie dort sogar das Glück finden.

Aber dann, als sie schon fast verloren war, setzte Barbara den andern Hut ihres Großvaters auf und griff nach ihrer Hand.